사람을 알아보는 AI

AI문고

인공지능 시대입니다. 기계가 인간의 인지를 대신하고, 사물이 인간을 통하지 않고 다른 사물과 직접 커뮤니케이션합니다. 이에 따른 인간 삶과 문명 변화를 정확히 이해·예측·대응하는 것은 이 시대 우리 모두의 과제입니다. AI문고는 인공지능 기술과 환경의 여러 주제를 10가지 키워드로 정리합니다. 관련 개념과 이론, 학계와 산업계의 쟁점, 우리 일상의 변화를 다룹니다. 인간과 기술의 현재, 미래를 세심히 분석합니다.

일러두기

- 인명, 작품명, 저서명, 개념어 등은 한글과 함께 괄호 안에 해당 국가의 원어를 병기했습니다.
- 외래어 표기는 현행 어문규정의 외래어표기법을 따랐습니다.

처음이세요?

전문가세요?

사람을 알아보는 AI

김희원

대한민국, 서울, 커뮤니케이션북스, 2025

사람을 알아보는 AI

지은이 김희원
펴낸이 박영률

초판 1쇄 펴낸날 2025년 12월 5일

커뮤니케이션북스(주)
출판 등록 2007년 8월 17일 제313-2007-000166호
02880 서울시 성북구 성북로 5-11
전화(02) 7474 001, 팩스(02) 736 5047
commbooks@commbooks.com
www.commbooks.com

ISBN 979-11-430-1231-9 03500

책값은 뒤표지에 표시되어 있습니다.

차례

기계가 나를 알아본다

아침에 일어나자마자 휴대폰을 들어 간밤의 메시지를 확인하려 했지만, 잠금 해제부터 쉽지 않았다. 침대에 누워 있어 일그러진 얼굴을 휴대폰은 번번이 인식하지 못했다. 곧 '등록된 얼굴이 아니다'라는 알림창이 뜨며 비밀번호 입력 화면으로 넘어갔다. 아무리 입체 구조를 정밀하게 매핑하는 최신 기술이 적용되어 있다 하더라도 밤새 붓거나 변형된 얼굴을 단번에 알아보는 것은 어려운 듯했다. 자세를 고쳐 앉아 얼굴 정면을 비추자 그제야 휴대폰이 나를 알아보고 잠금을 풀었다. 기능을 마음껏 쓸 수 있게 되자, 조금 전까지의 답답함은 금세 잊혔다.

이처럼 핸드폰의 얼굴 인식 기능은 사람들이 가장 흔히 사용하는 인공지능 기술 중 하나다. 사진첩 속 얼굴을 인식하고 분류해 개인별 앨범을 만들어 주기도 하고, 은행 업무나 신원 인증처럼 보다 중요한 업무를 수행하는 데 활용되기도 한다. 기술적으로도 빠르게 고도화하고 있다. 코로나 19가 한창이었던 2020년에는 마스크로 하관이 가려진 얼굴도 인식이 가능하도록 기술이 발전했다. 덕분에 우리는 우리의 통신 기기와 더 재밌고, 안전하며, 매끄럽게 연결된다. 기계가, 적어도 내가 허락한 범주 안에서, 나의 얼굴을 알아보는 것은 더 이상 놀랍거나 새삼스러운 일이 아니다.

인공지능 기술은 인간의 지능적 기능을 기계적으로 구현하는 것을 목표로 발전해 왔다. 인간 전문가의 지식 집합을 통해 추론을 제시하는 '전문가 시스템'이나 학습 과정과 신경의 작동을 모델 삼아 구현된 '신경망 모델' 모두 인간의 지적 기능을 모사함으로써 인간을 보조하거나 대체할 수 있는 방향으로 개발되고 있다.

그중에서도 사람을 알아보고 이해하는 생체 인식 기능은 특히 정교한 기술을 요한다. 얼굴 식별 기능이 기계적으로 처음 구현된 것은 1960년대 말이었는데, 그 당시만 해도 열 명의 사진에서 누가 누군지 가려내는 것조차 쉽지 않았다. 개개인마다 눈, 코, 입 등 얼굴의 세부 부위의 위치의 차이가 아주 미세할 뿐만 아니라, 같은 인물이라도 보는 각도에 따라 그 모습이 확연히 달라지기 때문이었다. 초기 개발자들은 얼굴 인식이 간단한 도형 인식이나 글자 인식 기술보다 고도화된 계산법을 필요로 하기 때문에 '흥미롭고 도전 의식을 자극하는 문제'로 여겼다. 1990년대에 들어 컴퓨터의 정보 저장 및 처리 능력이 발전하면서 더 많은 개발자들이 얼굴 인식 문제에 뛰어들기 시작했고, 기술 개발을 위한 얼굴 사진 데이터 세트를 오픈 소스로 공유하기 시작하면서 하나의 개발 커뮤니티도 만들어지기 시작했다.

인간의 말과 행동을 인식해 매끄럽게 소통할 수 있는 인공지능 기술의 발전을 견인해 온 것은 사람들의 상상력이었다. 이러한 기능을 갖춘 인공지능은 오랫동안 SF 영화나 소설의 단골 소재로 등장하며 대중의 흥미를 끌어 왔다. 예컨대, 스탠리 큐브릭(Stanley Cubric) 감독이 연출하고 아서 클라크(Arthur Clark) 작가와 공동 집필한 영화 〈2001 스페이스 오디세이(2001: A Space Odyssey)〉에서는 목성 탐사 우주선의 시스템을 관장하는 HAL 9000이 등장한다. HAL 9000은 자연어 처리를 하고 음성을 합성할 뿐만 아니라, 사람의 입 모양과 얼굴, 음성, 감정적 행동 등을 인식해 인간 대원과 상호작용한다. 사람과 긴밀히 협업하는 고도화한 인공지능이라면 사람의 얼굴과 감정을 인식하고, 그 의미를 이해할 수 있을 것이라는 인식이 자리하고 있었던 것이다.

문화적 상상을 동력 삼아 사람을 알아보는 새로운 인공지능의 개발 소식이 뉴스 포털의 과학 뉴스 항목을 가

득 채운다. 신원이나 성별, 나이와 같이 사람이라면 쉽게 추측할 수 있는 내용뿐만 아니라 질병 여부나 역량처럼 당사자도 미처 인지하지 못한 새로운 정보를 제공한다는 공상 과학 같은 이야기가 어렵지 않게 들려온다. 사람만큼, 혹은 사람보다 더 '정확하게' 상대방을 알아보는 기술의 등장은 기술이 인간의 능력을 넘어서고 있다는 증거로서 언급된다.

이처럼 사람을 인식하는 인공지능 기술이 현실화되면서, 이에 대한 다양한 반응도 함께 나타나고 있다. 어떤 이들은 인증, 결제, 출국 심사 등 사람이 혼자 처리하면 오래 걸릴 일을 간소화해 주고, 그 덕분에 비용을 절감할 수 있다며 기술 발전을 환영한다. '객관적이고 과학적인' 기술이 '주관적이고 비합리적인' 인간의 판단을 대체해 케케묵은 사회 문제를 해결해 줄 것이라는 기대를 품는 사람도 있다.

그러나 다른 한편에서는 생체 정보가 안전하게 보호될 수 있을지 의문을 갖거나, 편향된 데이터를 학습한 인공지능이 사회적 편견을 그대로 반영해 차별적인 판단과 예측을 제공할 수 있음을 우려한다. 인터넷에 업로드된 얼굴 사진을 긁어모아 학습시킨 인공지능 시스템이 용의자의 얼굴에 엉뚱한 사람의 신원을 갖다 붙여 무고

한 시민이 구금되거나, 회사 내 성별 구성을 학습한 시스템에게 이력서를 검토하고 채용 적합도를 판단하게 했더니 '여성'이라는 특성을 감점 요소로 분류하는 현상이 단순히 변칙적인 사건이 아니라는 것이다. 이와 같은 기술 발전 방향에 비관적인 사람들은 제도와 법규, 윤리적 기준이 기술의 발전 속도를 미처 따라잡지 못해 예기치 못한 문제들이 발생해 왔고, 언제든 더 심각한 문제가 발생할 수 있음을 경고한다.

과학기술학(STS, Science Technology Studies)은 사람을 알아본다고 주장하는 인공지능 기술의 등장과 확산을 정치적, 사회적, 문화적 맥락 속에서 이해할 수 있는 분석 틀을 제공한다. 최근의 연구들은 과학과 기술의 발전사를 단순히 나열하는 데 그치지 않고, 특정 기술이 어떤 사회 문화적 의미를 가지며 어떤 상상과 기대 위에서 작동하는지를 비판적으로 살펴본다. 사람을 알아보고 이해하게끔 만들어진 인공지능 기술 역시 그러한 행위를 기계화하고 자동화하는 변화에 대한 우리 사회의 선호 속에서 탄생했다. 이 책은 이러한 기술이 꽃피운 사회적 토양을 이해함과 동시에 기술이 바꾸어 놓는 세상의 풍경을 조망하고자 한다.

사람의 얼굴, 음성, 표정, 몸짓 등 다양한 신호를 인식하고 분석하는 인공지능 기술을 과학기술학적 시선으로 들여다본다면, 다음과 같은 질문을 던질 수 있다. 사람의 몸과 마음은 어떻게 세밀하게 측정하고, 관리하고, 분석해야 하는 대상으로 변모했는가? 이러한 기술이 우리의 삶 속에 들어올 수 있게끔 만드는 정치적, 문화적, 경제적 동인은 무엇인가? 어떤 가치와 결합해 정당성을 얻었는가? 타인을 알고 이해하는 행위를 기계에 위임하게 되면서 인간에 대한 전통적 관념은 어떻게 변화하고 있는가?

이 책은 이러한 질문에 대답하기 위해, 사람을 알아보는 AI 기술이 단순한 기술 발전의 결과물이 아니라, 인간에 대한 이해를 근본적으로 바꿀 수 있는 사회적 실천이라는 점에 주목한다. 얼굴이나 목소리를 인식하는 기술 개발자들의 표면적인 관심사는 기술적 정확도를 높이는 데 있다. 하지만 그 밑바탕에는 말과 행동의 의미를 규정하거나 분류하는 과정이 자리하고 있고, 여기에는 무엇이 옳고 그른지, 어떤 특성을 추구하거나 지양하는지와 관련된 가치 판단이 개입할 수밖에 없다.

그리고 이렇게 만들어진 기술은 실재적인 결과를 야기한다. 최초의 얼굴 인식 기술은 미국 중앙정보국(CIA)의 업무 수행을 지원할 수 있는 기술로서 개발되었고, 엑

스레이 사진에서 병변을 인식하는 의료 인공 지능 기술은 실제 환자의 데이터를 학습해 개발되고 있으며, 그 궁극적 수익 모델 또한 의료 기기 회사나 병원에서의 실사용이다. 과학과 기술은 실험실 안에서 만들어지지만, 서서히 그 경계를 벗어날 준비를 한다. 사람을 측정하고, 인식하고, 분석하는 과학과 기술에 대한 비평이 필요한 이유다.

책의 구성

이 책은 사람을 알아보고 이해하는 인공지능 기술이 어떻게 등장하고 발전해 왔는지, 그 역사적 기원과 사회적 함의를 살펴본다. 특히 다양한 인간 측정 기술이 어떤 과학적, 사회적, 문화적 기반 위에서 작동하고 있는지에 주목할 것이다. 가장 보편적으로 사용되는 인간 측정 기술인 '생체 인식 기술'은 신체의 고유한 특징이나 행동적 특성을 이용하여 개인을 식별하는 기술을 의미한다. 투표를 위한 지문 인증이나 기관 출입을 위한 얼굴 인식 기술(1장)이 여기에 해당한다.

하지만 이 책에서는 '식별'의 범위를 보다 넓게 정의하고자 한다. 인간을 측정한 정보는 때로 그 사람의 감정 상태(2장), 말과 행동, 걸음걸이 등의 의미(3, 4, 5장), 질병 여부(6장), 생활 패턴(7장), 역량(8장), 거짓말 여부(9장), 심지어는 테러 행위와 같은 '불순한 의도'(10장)를 추론하는 데까지 활용된다. 서로 다른 신체 및 심리 데이터의 결합은 특정 개인에 대한 포괄적이고 복합적인 이해를 가능케 한다. '누구인지'를 넘어서 '어떤 사람인지' 알아내는 것으로 확장될 수 있는 것이다.

각 장은 오늘날의 신경망 인공지능이 본격적으로 등장하기 이전, 즉 1950년대 이후 사람을 알아보는 인간의 능력을 기계적으로 구현하고자 했던 다양한 시도들을 다룬다. 인간이 인간을 알아보는 현상을 과학적으로 규명하고 이를 지능 기계로 대체하고자 해 온 사례들을 소개한다. 일상의 직관적인 능력이든 전문적 학습을 통해 습득한 판단력이든 간에, 타인을 이해하고 평가하는 일에는 원래 많은 시간과 노력이 들어간다. 상대방의 특성을 파악하기 위해 질문을 던지면서 상호작용을 하고, 그렇게 모은 단서를 종합해 나름의 추론을 제시한다. 이렇게 복잡하고 수고로운 과정을 보조하거나 대체할 수 있는 기술을 개발하는 것은 어찌 보면 자연스러운 수순처럼 보이기도 한다.

하지만 사람을 알아보고 이해하는 과정을 기계에 위임하는 데에 한 가지 이유만 존재하는 것은 아니다. 정밀한 관찰과 고도화된 분석으로써 더욱 정확하게 사실을 파악할 수 있다거나 새로운 진리에 도달할 수 있을 것이라는 믿음은 인간의 능력을 넘어서는 기계를 개발하도록 유도한다. 그와 동시에, 사람을 파악하기 위한 시간과 노력을 감당할 여력이 없을 수도 있다. 타인에 대한 빠른 판단을 내려야 하지만, 이를 수행할 수 있는 인력과 자원이 부족하거나, 그러한 업무의 가치가 낮게 책정되어 있을 수 있다. 지치지 않고 효율성을 유지하는 기계는 경제적 논리에 따라 인간을 대체하는 수단으로 채택된다. 결국 더 나은 진리를 추구하는 열망과 최소 비용으로 최대 효율을 얻고자 하는 계산이 맞물리면서 기계가 사람의 자리를 대신하고 있는 것이다.

기계가 사람을 알아보는 시대에 우리는 다시금 '타인을 이해한다'는 것이 무엇을 의미하는지 고민해 볼 필요가 있다. '얼굴을 인식한다'는 것이 단지 외형을 구분하는 일에 그치는지, '감정을 파악한다'는 것이 표정의 움직임만으로 가능한 일인지, 그리고 그러한 기계적 판단이 누구에게 유리하고 불리한지 면밀히 따져 보아야 할 시점이다. 사람을 알아보는 행위가 인간성을 잃지 않기 위해서는 무엇보다도 기술이 전제하고 있는 인간관과 세계관을 이해하는 데서부터 출발해야 할 것이다.

01
얼굴

얼굴을 기술적으로 측정하고 분류하는 '얼굴 과학'의 형성과 이를 응용한 얼굴 인식 기술의 계보를 추적한다. 18세기 관상학에서 출발해, 20세기 중반 미국과 일본에서 각각 개발된 자동화된 얼굴 인식 기술, 그리고 최근 미국 사회에서 논란이 된 클리어뷰 AI의 사례에 이르기까지의 흐름을 살핀다. 이를 통해 얼굴 과학에 투영된 사회 문화적 요구와 얼굴 식별 기술의 과학적 · 정치적 함의를 고찰한다.

기후 위기와 인공지능?

얼굴이란

사람과 사람이 처음 마주하면 가장 먼저 얼굴부터 살피게 된다. 낯익은 얼굴인지, 나이는 어느 정도로 보이는지, 기분은 어떤지 등 다양한 단서들을 얼굴을 통해 수집한다. 얼굴을 통한 추론 과정은 직관적으로 이루어지기도 하지만, 경험과 학습을 통해 형성된 나름의 기준에 기반하기도 한다.

인간과 사회에 대한 보다 근본적인 이해를 추구해 온 학자들 또한 얼굴이 지닌 상징성과 사회적 기능에 관심을 기울여 왔다. '인간은 왜 타인의 얼굴에게 민감하게 반응하는가', '얼굴은 어떤 과정을 거쳐 생물학적이거나 사회적인 의미를 지니게 되었는가'와 같은 질문이 반복되어 왔다. 얼굴을 탐구하는 것은 곧 사람과 세상을 이해하는 일이기도 했다.

얼굴 과학의 탄생

학자들이 얼굴의 의미를 과학적인 방법론으로 접근하기 시작한 것은 18세기의 일이다. 스위스의 성직자 요한 카스파르 라바터(Johann Kaspar Lavatar)는 얼굴 골격 구조가 외모와 성격, 성품, 지적 능력의 지표라고 주장했다. 얼굴 골격은 감정 변화나 노화의 영향을 거의 받지 않기 때문에 관상학적 추론에 적합한 안정적인 재료였다. 관상학에서 점성술적 요소를 제거하고 과학적 분류 체계를 적용한 라바터는 실증적인 관찰을 통해 얼굴 생김새의 규칙성을 발견했고, 일상적 관찰과는 상이한 전문가적 관찰을 확립했다. 이러한 이유들 때문에 관상학은 한때 '과학'이라고 불리기 시작했다.

라바터의 관상학은 대중의 많은 관심을 받았다. 과학사학자 셰로나 펄(Sherrona Pearl)은 19세기 영국 런던에서 관상학이 유행한 배경에 산업화와 도시화로 인한 인구 밀도의 급격한 증가가 있었다고 주장한다. 전통 사회에서는 좁은 인간관계 안에서 서로 오래 알고 신뢰를 구축하는 방식으로 사람을 이해하고 판단할 수 있었다. 하지만 도시화가 진행되면서 낯선 문화적 배경과 다른 피부색, 생소한 얼굴형을 가진 사람들과 마주하는 일이 빈번해지다 보니 타인에 대한 빠른 판단을 내릴 수 있는 '과학적 지식'에 의존할 수밖에 없었다는 것이다. 이러한 배경 아래 라바터의 저서는 축약된 형태로 대중에 널리 확산되고 유행했다.

19세기 중반에는 사진술의 발전과 함께 얼굴 과학에 두 번의 전환점이 도래한다. 하나는 영국 우생학자인 프랜시스 골턴(Francis Galton)이 인간 유형의 구분을 시각적으로 증명하기 위해 개발한 '합성 초상 사진(Composite Portrait)' 기법이다. 고정된 카메라 앞의 감광판에 초상 사진 여러 장을 겹쳐 두고 촬영하는 동안 사진을 한 장씩 차례로 넘기면 그 결과물에는 초상 사진 속 여러 인물의 개별적 특징은 사라지고 그들의 '전형적'인 얼굴만이 남았다. 골턴은 이 기법을 이용해 범죄자, 토착민, 환자 등의 부정적인 유형의 얼굴, 타자의 얼굴뿐만 아니라 엘리트 군대 장교와 사병의 초상 사진을 합성한 건강하고 이상적인 인간군의 얼굴상을 도출했다. 골턴은 후자를 '일반적인 영국 후손'이자 '영국 인종의 전형'이라고 주장했다(Galton, 1883).

또 다른 전환점은 특정 인구 집단의 전형적인 얼굴상을 밝히는 것이 아닌 얼굴로써 개인을 특정 지을 수 있게 된 것이었다. 19세기 프랑스 파리는 범죄의 재범률은 높으나, 재범 여부를 확인할 수 있는 체계적인 방법이 따로 마련되지 않은 상태였다. 파리 경찰청의 신원 감식부 반장이었던 알퐁스 베르티옹(Alphonse Bertillon)은 새로 잡은 범인이 기존의 범죄자 사진 아카이브 속 인물과 동일인인지를 식별하기 위해 머리 길이, 너비, 중지의 길이, 왼발의 길이, 팔꿈치에서 중지까지의 길이를 쟀다. 그리고 이 측정 기록과 정면 사진, 측면 사진을 하나의 카드에 통합해 보관했다. 이 카드들은 특수 제작한 캐비닛에 보관되어 특정 인물이 이미 등록된 사람이라는 입증 가능한 증거로 활용되었다. 이것이 오늘날 범죄자를 등록할 때도 널리 사용되는 머그 숏의 기원이다.

얼굴 인식의 자동화

자동화된 얼굴 인식 기술의 초기 형태는 개인을 특정 지을 수 있는 베르티옹식 접근과 인간 집단의 전형적인 얼굴상을 도출하는 골턴식 접근으로 구분되었다. 미국의 수학자 우드로 블레드소(Woodrow Bledsoe)는 1959년에 이진 행렬을 이용하여 36개의 숫자와 알파벳을 인식하는 방법을 발표했고, 얼굴 인식에도 같은 방법을 적용할 수 있다고 믿었다. 블레드소는 1960년대에 들어 미국 중앙정보국(CIA)의 지원을 받아 본격적인 얼굴 인식 기술 개발에 돌입했다. 베르티옹의 방식에서 착안해 얼굴의 주요 지표를 측정하고 이를 바탕으로 열 명의 얼굴로 구성된 데이터베이스에서 얼굴을 식별하는 프로젝트였다. 이후 성과가 지지부진하자 CIA의 지원이 끊길 수도 있는 위기가 찾아왔고, 블레드소는 더 많은 얼굴을 인식할 수 있는 시스템을 고안하겠다며 CIA를 적극적으로 설득하는 모습을 보였다(Gluck-Thaler, 2024). 그의 연구는 1970년대 들어 여러 사법 기관의 관심을 받았고 텍사스주립대 교수가 된 1970년에는 뉴욕주 경찰과 함께 자동화된 용의자 식별 시스템을 개발하는 데 참여했다.

태평양 건너 일본에서는 골턴식 접근과 유사한 얼굴 인식 기술이 많은 대중적 관심을 받고 있었다. 1970년 오사카 엑스포에서 가장 인기를 모았던 전시물 중 하나가 '컴퓨터 천안경(관상쟁이의 안경)'이라는 이름의 자동화된 얼굴 인식 기술 전시였다. 사람이 전시물의 의자에 앉으면, TV 카메라까지 천천히 의자가 들어 올려지고, 카메라로 피사체의 얼굴상을 촬영해 컴퓨터에 입력했다. 컴퓨터는 그 얼굴의 윤곽선을 추출하고, 코, 입, 턱 등을 패턴 매칭 방식으로 식별한 뒤, 각 패턴을 연결해 세부 부위의 각도를 측정했다. 이 데이터의 조합으로 피사체가 인간의 기본 성격 스물 하나의 분류 중 어느 것에 해당하는지 판단했다. 그리고 마릴린 먼로, 윈스턴 처칠 등 그 성격의 대표적인 인물의 얼굴이 대형 스크린에 표시되는 동시에 음성 합성으로 그 인물의 이름이 호명되었다. 마지막에는 컴퓨터에 저장된 피험자의 얼굴상이 음영 사진과 윤곽 도형으로 인쇄되어 기념품으로 제공되었다. 얼굴 데이터 입력부터 해답을 얻기까지 약 4분 30초라는 짧지 않은 시간이 소요되었음에도 불구하고 엑스포에 입장하는 대기 줄보다 해당 전시에 참여하기 위한 줄이 더 길었을 정도로 굉장한 인기를 끌었다고 전해진다.

컴퓨터 천안경에 대한 대중의 관심은 한때의 흥미로운 이벤트로 끝나지 않고 한 대학원생의 박사학위 논문이 되었다. 전시 설계를 담당했던 교토대학교 연구실의 박사과정 신입생이었던 타케오 카나데(Takeo Kanade)는 그의 지도교수로부터 전시에서 확보한 얼굴 사진 1000장을 건네받았다. 카나데는 두 개의 슬릿을 이용해서 각 얼굴의 지표들을 구분하는 기계 장치를 개발했다. 완벽하게 자동화된 최초의 얼굴 인식 기술이었다(Gates, 2011). 카나데는 이후 교토대학교에서 교수로 근무하다가 미국 카네기멜런대학교에 새로 생긴 로봇 연구소(Robotics Institute)의 교수로 부임해 컴퓨터 비전 연구를 이끌었다.

얼굴 지문

이후 얼굴 인식 기술은 신경망 인공지능의 발전과 함께 빠른 속도로 발전했다. 대표적인 사례로 개인 핸드폰의 얼굴 인식 기능은 본인 인증이 필요한 다양한 업무를 집에서 간편하게 처리하는 데 활용되고 있다. 담당자와의 대면을 통해서만 처리할 수 있었던 일의 많은 부분이 '얼굴 지문(faceprint)'을 인식할 수 있는 자동화 기계에 위임되었다. 이러한 위임의 과정에는 기술을 만들거나 활용하는 기관이 나의 얼굴 데이터를 신중하고 안전하게 다루어 줄 것이라는 기대가 있고, 그러한 기대는 얼굴 인식 기술의 윤리적 문제를 제기하는 여러 시민 단체의 노력 덕분에 명문화되고 있다.

윤리적, 법적 기준의 중요성은 최근 미국 사회에서 논란이 된 클리어뷰 AI(Clearview AI) 사건으로 더욱 부각되었다. 클리어뷰 AI는 호주 출신 개발자 호안 톤-탓(Hoan Ton-That)이 개발한 얼굴 검색 엔진으로, 인터넷에 산재해 있는 얼굴 사진을 긁어모아 훈련한 인공지능 소프트웨어다. 검색하고 싶은 얼굴 사진을 업로드하면 해당 얼굴이 들어 있는 사진과 그 사진이 게시되어 있는 웹페이지의 주소를 함께 보여 주는데, 뛰어난 성능 덕분에 '얼굴 구글 검색'으로 불리기도 했다(Hill, 2023). 하지만 미국 시민 자유 연합(ACLU)은 일리노이 생체정보보호법을 위반한 혐의로 회사를 고소해 민간 기업이나 법 집행과 무관한 기관에 기술을 판매하는 것을 막았고, 호주, 캐나다, 유럽, 영국에서도 제재를 받거나 벌금을 물게 되었다. 톤-탓은 언론과의 인터뷰와 법적 공방을 통해 자신의 기술이 미제 사건을 해결해 세상을 더욱 안전하게 만들 수 있고 얼굴의 주인은 한 개인이 아닌 공적 산물임을 설파했지만, 2025년 봄에 클리어뷰 AI의 대표 자리에서 물러났다.

톤-탓과 같은 개발자나 기술 옹호자들은 신기술을 '양날의 검'에 비유하곤 한다. 긍정적인 일과 부정적인 일 모두에 쓰일 수 있기 때문에, 결국 검을 손에 쥐고 어떤 일에 휘두를지 결정하는 것은 사용자의 의지임을 강조하는 것이다.

하지만 기술을 둘러싼 여러 논쟁들을 따라가다 보면, 기술이 결코 중립적이지 않다는 점을 어렵지 않게 이해할 수 있다. 기술의 설계와 활용 방식에는 개발자와 이해관계자, 그리고 그러한 기술의 사용을 허용하는 사회의 문화와 가치가 고스란히 담겨 있다. 톤-탓과 같은 개발자들이 만든 얼굴 인식 기술 역시 단순히 더 빠르고 정확한 얼굴 인식을 가능하게 만드는 데서 그치지 않는다. 얼굴 사진의 활용 범위를 넓히면서 그것이 세상에서 사용되는 규칙과 질서 자체를 새롭게 바꾸고 있다. 따라서 얼굴 지문이 어디에, 어떤 방식으로 쓰이는지에 대해 더 철저한 감시와 검증이 요구된다.

참고문헌

Galton, F.(1883). *Inquiries into human faculty and its development.* Macmillan Co.

Gates, K. A.(2011). *Our biometric future: Facial recognition technology and the culture of surveillance.* New York University Press.

Gluck-Thaler, A.(2024). Identity instrumentalized: Pattern recognition as an epistemology of surveillance, 1960-66. *Technology and Culture, 65*(4), pp.1161~1193.

Hill, K.(2023). *Your face belongs to us: A secretive startup's quest to end privacy as we know it.* Random House.

Pearl, S.(2010). *About faces: Physiognomy in nineteenth-century Britain.* Harvard University Press.

02
표정

표정을 통해 감정 상태를 분석하는 표정 인식 기술의 기원을 살펴본다. 19세기 말 표정의 재현을 카메라로 담은 신경학자들의 작업을 개괄하고, 1970년대에 보편적 표정 및 감정 연구가 수행되고 표정 분석 기술이 확산된 사회적 · 정치적 배경을 다룬다. 그리고 표정에서 데이터를 추출하는 실천과 자동화된 감정 인식 기술이 표정-감정 연결을 자명한 사실로 만들어 간다는 점을 지적한다.

노래하는 AI 보컬?

감정을 해석하는 기계의 눈

2016년 11월 29일, '박근혜-최순실 국정 농단' 사태로 한국 사회는 큰 혼란에 빠져 있었다. 헤럴드경제는 "인공지능의 눈으로 본, 대통령의 3차례 사과"라는 제목의 기사를 보도했다. 마이크로소프트사의 감정 인식 프로그램으로 박근혜 당시 대통령의 세 차례 대국민 담화 영상(2016년 10월 25일, 11월 4일, 11월 29일)을 분석한 결과를 소개한 것이었다. 기사 속 사진에는 파란 사각형으로 박 전 대통령의 얼굴이 인식된 화면과 함께 분노, 경멸, 혐오, 두려움, 행복, 중립, 슬픔, 놀람 등 여덟 가지 감정에 대한 추정값이 0과 1사이의 수치로 제시되었다. 분석 결과, 1 · 2차 담화에서는 '중립' 감정이 지배적이었지만, 자진 사퇴를 언급한 3차 담화에서는 '행복' 수치가 0.48까지 상승한 것으로 나타났다(헤럴드경제, 2016.11.29). 헤럴드경제의 보도 이후 여러 언론이 인공지능을 활용해 대통령의 표정을 재분석했다. 직접 묻지 못하는 심정을 기계로 대신 헤아리려 한 것이다.

이처럼 표정은 말로 표현되지 않는 감정을 파악하기 위한 단서로 활용된다. 감정이 잘 드러나지 않거나, 표현을 신뢰할 수 없거나, 이를 주의 깊게 살필 여유가 없을 때, 표정은 인간의 내면에 접근할 수 있는 또 하나의 통로가 된다. 인공지능 기반의 표정 분석은 이러한 요구에 부응해 얼굴 근육의 움직임을 기록하고 기호화함으로써 감정 상태를 추론하는 기술로 발전해 왔다.

표정 분석의 발전

표정에 대한 과학적 관심은 19세기 말 신경학 및 정신의학 분야에서 시작되었다. 프랑스의 신경학자 장 마르탱 샤르코(Jean-Martin Charcot)는 여성 히스테리 환자의 고통을 사진으로 기록하며 과장된 자세와 연출을 요구했다. 동시대의 신경학자 기욤 뒤셴 드 불로뉴(Guillaume Duchenne de Boulogne)는 이중 전류 자극 장치를 이용해 얼굴 근육을 인위적으로 수축시켜 특정 표정을 유도한 뒤 그 모습을 사진에 담았다. 샤르코와 뒤셴은 자연스러운 감정 표현보다는 재연된 표정을 기록했지만, 그 배경에는 사진이라는 매체가 피사체 내면의 정서나 진실을 포착할 수 있다는 기대가 자리하고 있었다(Bollmer, 2023).

뒤셴의 실험은 진화론자 찰스 다윈(Charles Darwin)의 사유에도 중요한 영향을 미쳤다. 다윈은 자연선택에 기반한 진화론 3부작의 마지막 권으로 《인간과 동물의 감정 표현(The Expression of the Emotions in Man and

Animals)》(1872)을 출간했다. 이 책에서 다윈은 인간이 본능적으로 드러내는 표정과 몸짓이 우리 내면에 여전히 동물 조상의 흔적이 살아 있음을 보여 주는 증거라고 주장했다. 그는 뒤셴의 실험에 대해 개인의 의지로 통제하기 어려운 근육이 어떤 것인지 밝혔다고 설명하며, 의식적으로 통제되지 않는 본능적 표정 연구를 본격화했다고 평가했다.

코드화된 표정의 등장

표정이 인간 본성의 산물이라는 다윈의 주장은 이후 문화적 맥락에 주목한 인류학자들에 의해 반박되거나 재해석되었지만, 한 세기가 지나기도 전에 심리학자 폴 에크먼(Paul Ekman)에 의해 재조명되었다. 랭글리 포터 정신의학 연구소(Langley Porter Neuropsychiatric Institute)에서 임상심리학자로 활동하던 에크먼은 우울증과 조현병 환자들의 비언어적 행동 분석으로 심리 상태를 이해하는 연구를 수행했다. 그는 이후 고등연구계획국(ARPA)의 지원을 받아, 표정의 인간 보편성과 문화적 특수성을 총체적으로 파악하는 연구를 수행했다. 이는 외교관이나 평화유지단과 같이 낯선 문화권에 파견되는 이들이 비언어적 상호작용에서 겪는 오해를 줄이기 위한 기초 연구로서 기획된 것이었다.

에크먼은 서구 문화의 영향을 거의 받지 않은 지역을 찾아 나섰다. 그는 텔레비전이 없고 외부인과의 접촉이 드물었던 뉴기니 지역으로 가서 포레(Fore)족 토착민을 대상으로 실험을 진행했다. 실험은 '돈을 잃어버린 사건'처럼 토착민도 공감할 수 있는 감정 상황을 제시하고, 이에 대응하는 표정을 짓게 하여 사진을 촬영하는 방식으로 이루어졌다. 그는 포레족을 포함한 다양한 문화권의 표정 자료를 수집하고, 이를 아르헨티나, 일본, 미국 등지의 참가자들에게 보여 주며 감정 판단 실험을 실시했다. 이 과정을 통해 에크먼은 인간에게 행복, 슬픔, 분노, 혐오, 공포, 놀람의 여섯 가지 기본 감정이 범문화적으로 존재하며, 각각의 감정은 특정 표정과 본능적으로 연결된다고 주장했다.

인간 기본 감정과 보편 표정 이론을 주창한 에크먼은 감정 표현을 구성하는 얼굴 근육의 움직임을 분석하고 이를 체계적으로 기호화한 '안면 움직임 부호화 시스템(FACS, Facial Action Coding System)'을 구축했다. 그는 얼굴 근육의 움직임을 46가지 코드로 분류하고, 각각에 고유 번호를 부여함으로써 근육 해부학적 표정 분석의 체계를 정립했다. 예컨대, 분노와 혐오는 미간 부위의 1

번 혹은 2번 근육이 작동하는지 여부를 기준으로 구분할 수 있었다. FACS는 감정을 수치화하고 기록 가능한 대상으로 변모시켰다. 의학사학자 오트니엘 드로르(Otniel Dror)의 표현을 빌리자면, 감정이 과학적 분석 대상으로 부상하는 하나의 전환점을 제공한 것이다(Dror, 2001).

기계가 읽는 표정

표정을 자동으로 인식하는 컴퓨터 시스템을 개발하려는 시도는 1990년대 중반부터 본격화되었다. 신경망 인공지능이 주목받기 시작하면서, 카네기멜런대학교, MIT, UC 샌디에이고 등의 연구자들은 에크먼의 기본 감정 이론과 FACS을 바탕으로 자동화된 표정 인식 기술을 개발해 나갔다. 이들은 행복, 슬픔, 놀람, 분노와 같은 기본 감정에 대응하는 전형적 표정 데이터를 수집하고, 이를 인공지능 모델 학습에 활용했다.

표정을 훈련 데이터 삼아 구축된 인공지능 시스템은 인간의 내면 상태를 파악하고, 이에 근거한 적절한 반응과 예측을 제공할 수 있다고 약속한다. MIT 미디어랩의 로절린드 피카드(Rosalind Picard)가 설립한 스타트업 어펙티바(Affectiva)는 이러한 감정 인식 기술을 상업적으로 구현한 대표적인 사례로 꼽힌다. 어펙티바는 운전자의 감정 상태를 실시간으로 파악해 보다 안전한 운전 환경을 조성할 수 있다는 점을 내세워 기술을 홍보했다. 특히 '자연스럽고 자발적인 표정' 분석을 위해 광고를 시청하고 있는 피험자의 동의를 받아 얼굴 영상을 수집하고 FACS로 레이블링했다. 어펙티바는 이와 같은 방식으로 87개국에서 1000만 명에 달하는 표정 데이터를 확보했고, 이를 통해 세계 최대의 감정 데이터베이스를 구축했다고 밝혔다.

어펙티바의 기술은 다양한 영역으로 확산되었다. 그 중 대표적인 사례가 자폐 스펙트럼 아동을 위한 '감정 인식 보조기'다. 특수 제작된 안경 형태의 모바일 기기로, 사용자의 시야에 들어온 인물의 표정을 인식하고 해당 감정에 대응하는 사회적 반응을 실시간으로 안내한다. 예컨대, 상대방의 얼굴에서 '혐오'가 감지되면 '사과하라'는 메시지를 띄워 주는 식이다. 이에 대해 과학기술학 연구자 제프 나기(Jeff Nagy)는 자폐가 감정을 계산 가능하게 만드는 개념적 틀과 환경적 조건, 그리고 매력적인 활용 사례라는 자원을 제공해 왔음을 지적한다(Nagy, 2022).

감정-표정 연결의 고착화

이처럼 감정 인식 기술의 확산과 함께 나타난 중요한 변화 중 하나는 감정과 표정 사이의 연결이 점차 고착화되었다는 점이다. 에크먼의 이론이 처음 발표되었을 당시만 해도 인간 기본 감정 개념 자체에 대한 회의나 감정과 표정을 일대일로 대응시키는 접근에 대한 비판이 존재했다. 그러나 인공지능 시스템이 에크먼의 모델을 사실상 표준으로 삼으면서 이러한 문제 제기는 기술 설계 과정에서 점차 배제되었다. 그 결과, 표정이 곧 감정을 드러낸다는 전제는 '자명한 사실'처럼 굳어졌고, 반론은 설 자리를 잃게 되었다.

결국 표정을 통해 감정을 읽어 내는 인공지능 기술은 감정을 있는 그대로 파악하는 것이 아니라, 표정과의 연결을 정형화하고 표준화하는 과정을 통해 가능해진다. 감정 인식 기술이 작동할 수 있는 것은 감정의 정의 자체가 표정 기반의 알고리즘적 해석에 적합하도록 재구성되었기 때문이다. 다시 말해, 감정을 인식하는 기술은 감정을 재정의하는 기술이기도 하다.

참고문헌

이정아·홍윤정(2016.11.29). "[혹INSIDE] 인공지능의 눈으로 본,

대통령의 3차례 사과". 헤럴드경제.
https://biz.heraldcorp.com/article/10398858

Bollmer, G.(2023). *The affect lab: The history and limits of measuring emotion*. University of Minnesota Press.

Dror, O.(2001). Counting the affects: Discoursing in numbers. *Social Research, 68*(2), pp.357~378.

Nagy, J.(2022). Autism and the making of emotion AI: Disability as resource for surveillance capitalism. *New Media & Society, 26*(7), pp.3989~4007.

Picard, R.(2005). Social-emotional intelligence prosthetic. U.S. National Science Foundation. https://www.nsf.gov/awardsearch/showAward?AWD_ID=0555411&HistoricalAwards=false

Stark, L.(2018). Algorithmic psychometrics and the scalable subject. *Social Studies of Science, 48*(2), pp.204~231.

03
음성

음성을 이해하는 기계를 개발하려는 시도는 1940년대 벨 연구소의 음향분광기 개발에서 시작되었다. 이 장치는 초기에는 청각 보조, 암호 해독, 음성의 본질 연구에 활용되었으나, 곧 화자 식별을 위한 '음성지문' 기술로 확장되었다. 1952년 등장한 '오드리'는 소수의 숫자 발화만을 인식할 수 있었지만 1970년대 후반 IBM이 주도한 '통계적 전환'을 거치며 방대한 데이터 기반 음성 인식이 가능해졌다. 데이터 중심의 통계적 분석은 오늘날 음성 인식 기술의 토대를 마련했고, '말'을 기계가 처리할 수 있는 정보로 재구성하는 데 기여했다.

 인공지능과 편향?

말을 이해하는 기계를 만드는 상상

말에는 힘이 있다. 발화자는 자신의 생각과 염원을 언어로 정리하고 그것을 세상에 내보낸다. 적재적소에 발화된 말은 마음에 새겨지고, 생각을 바꾸며, 때로는 세상을 움직일 수도 있다. 이러한 말의 힘은 사람 사이의 소통에만 머무르지 않았다. 공학자들은 음성을 동력 삼아 움직이는 기계를 만들 수 있을 것이라 상상했다. 인간만큼 똑똑한 기계라면 사람이 하는 말을 알아듣고 그 요구를 실행할 수 있으리라 기대했다.

말이 가진 힘으로 움직이는 기계를 실현하기 위해서는 우선 음성을 기계가 이해할 수 있는 신호로 전환해야 했다. 다시 말해, 일상에서 사용되는 자연어 음성을 전자적 신호로 바꾸고, 이를 다시 기계어로 번역하는 기술이 먼저 마련되어야 했던 것이다. 이러한 기술 개발의 선두에 있었던 곳이 미국 전신전화주식회사(AT&T) 산하의 벨 전화 연구소(Bell Telephone Laboratories)였다.

음성를 시각화하다: 음향분광기와 음성지문

벨 연구소의 엔지니어들은 1940년대에 음성 파형을 주파수로 변환하여 종이나 음극선관 디스플레이에 시각적으로 기록하는 음향분광기(Sound spectrograph)를 개발했다. 이 장치는 소리 신호를 시간 축과 주파수 축에 따라 기록했으며, 음량은 잉크나 빛의 강도로 표현되었다. 이렇게 시각화된 음향 데이터는 훗날 발화 내용을 분석하고 의미를 추출하기 위한 기초 자료로 활용될 수 있었다.

음향분광기의 응용 가능성은 실로 다양했다. 먼저, 청각 장애인에게 '보이는 소리'를 제공하고자 했던 알렉산더 그레이엄 벨(Alexander Graham Bell)의 설립 이념을 반영하여 청각 보조기 개발 가능성이 언급되었다. 제2차 세계 대전 중에는 적군의 암호화된 음성 신호를 분석하고 해독하는 데에도 활용되며 정보전의 도구로 쓰이기도 했다. 전쟁이 끝나고 음향분광기가 상용화되자 언어학자와 통신공학자들은 이 기술을 활용해 음성의 본질적인 요소를 규명하고자 했다. 다양한 화자에게서 공통적으로 나타나는 음향적 특징을 추출함으로써 청취자가 소리를 인식할 때 의존하는 핵심 요소를 밝혀내려 시도했다. 음성의 본질을 이해할 수 있다면 전화 통신의 효율을 크게 높일 수 있었기 때문에, 벨 연구소 역시 이러한 연구를 적극적으로 지지했다.

연구는 곧 화자 간 보편적인 음성 특성을 탐색하는 수준을 넘어, 개별 화자를 식별할 수 있는 지표를 찾는 방향으로 확장되었다. 과학사학자 마라 밀스(Mara Mills)와 커뮤니케이션학 연구자 샤오창 리(Xiaochang Li)가 지적하듯, 1943년 8월 미 육군 소속의 한 대령이 음향분광기를 활용해 화자를 식별할 수 있는지 문의하는 사건이 그 전환을 보여 준다(Li & Mills, 2019). 당시 해당 대령이 이끌던 신호안보국(Signals Security Agency)은 이미 전신 기술을 활용해 관련 작전을 수행하고 있었다. 이를테면 수신 신호의 점과 선의 길이, 간격, 리듬과 같은 특징을 분석해 개별 통신병의 위치를 추적함으로써 적군의 움직임을 간접적으로 파악할 수 있었다. 사람의 음성에 대해서도 동일한 방식의 분석이 가능하다면, 라디오 통신에서 화자를 특정해 적을 식별할 수 있으리라는 기대가 뒤따랐다.

벨 연구소는 분광기 연구 팀 소속 엔지니어 세 명을 '음성지문 인식(Voiceprint Identification)' 프로젝트에 투입해 군 당국의 자문 역할을 맡겼다. 이들은 지문 채취 방식에서 착안해 음성의 생성 과정을 호흡, 발성, 공명, 조음이라는 네 가지 단계로 구분하여 분석했고, 개개인의 목소리가 서로 다른 이유가 숨소리와 음높이, 비음의 정도, 그리고 억양의 차이에서 비롯된다고 설명했다. 연구 팀은 이 같은 특징을 수치화하는 동시에 인간의 귀로는 감지하기 어려운 음성의 미세한 특성까지 인식하고자 했다. 즉, 음성을 이른바 '음성지문(voiceprint)' 데이터로 전환해 화자의 신원을 파악하고자 하는 시도였다.

음성지문 기술은 이후 연구 팀의 일원이었던 로렌스 케르스타(Lawrence Kersta)에 의해 1962년에 네이처(Nature)지에 처음 소개되었다. 케르스타는 해당 기술이 사법 기관의 범인 검거에 실질적인 도움을 줄 수 있다고 홍보하며 상업화에 나섰다. 음성지문 기술은 케네디 암살 사건의 총성 분석에서부터 이집트 대통령과 요르단 국왕의 통화 감청 자료에서의 화자 식별까지 다양한 상황에서 활용되었다. 1965년 케르스타는 폭동 사건 관련 재판에 주요 증인으로 출석해 음성 분석을 근거로 방화 혐의를 받은 흑인 청소년을 특정하기도 했다. 그의 증언은 유죄 판결에 결정적 영향을 미쳤다.

그러나 음성지문 기술에 대한 회의적인 시선도 적지 않았다. 앞서 언급한 재판의 항소심에서는 케르스타의 벨 연구소 시절 상사였던 인물과 음성학자가 증인으로 출석해 음성지문이 과학이 아닌 일종의 속임수에 불과하다고 증언했다. 음성지문을 증거로 삼는 것에 대한 법적 · 사회적 파장이 커지자 점점 더 많은 연구자들이 케르스타의 주장에 대한 검증에 나섰다. 이에 미국 연방수

사국(FBI)과 미국 국립연구회의(National Research Council)는 1976년 '음향분광기 평가 위원회'를 구성해 해당 기술의 신뢰성을 평가했다.

위원회는 동일한 화자의 두 음성 샘플을 직접 대조하는 '음성 확인(voice verification)'이 기술적으로 실현 가능하지만, 정체가 밝혀지지 않은 음성 샘플의 화자를 추적해 내는 '화자 식별(voice identification)'은 신뢰할 수 없다고 결론지었다. 이는 사람의 목소리가 나이, 감정 상태, 발화 환경 등 여러 요인에 따라 쉽게 변화하기 때문이었다. 이러한 결과는 음성지문 기술의 법적 효력을 급격히 약화했고, 이후 법정에서의 활용 또한 크게 줄었다.

말을 이해하는 기계: 패턴에서 통계로

음성지문 인식이 많은 비판을 받으며 쇠퇴한 반면, 발화의 내용을 인식하는 기술 개발의 노력은 꾸준히 이어졌다. 전화 교환원을 기계로 대체하고자 했던 벨 연구소는 1952년, 0부터 9까지 총 열 개 숫자의 음성을 인식하는 '오드리(Audrey)'를 시연했다. 각 단어의 대표적인 음향 패턴을 기준 데이터로 삼고 새로 입력된 음성을 이와 비교하여 일치 여부를 판단했는데, 97~99%에 이르는 매우 높은 인식률을 기록했다. 단, 이 성능은 사전에 등록된 한 명의 화자에 한해서만 유효했다.

'전문가 시스템' 중심의 연구로 정체기를 맞은 음성 인식 기술 개발은 1970년대 후반 IBM 연구진이 주축이 된 '통계적 전환(statistical turn)'을 계기로 다시 활력을 되찾았다. 이들이 개발한 알고리즘은 방대한 데이터를 기반으로 특정 음성과 대응하는 언어 단위를 확률적으로 예측했다. 이로써 음성 인식 개발 분야에서 데이터 중심의 연구 문화가 확립되었고, 그 흐름은 신경망과 딥러닝 기반 기술이 보편화된 오늘날에도 일관되게 유지되고 있다(Li, 2023).

이처럼 음성을 이해하는 기계에 대한 상상은 음향분광기를 통해 소리를 시각화하고 이를 바탕으로 발화자의 신원을 식별하려는 시도에서부터 숫자를 인식하는 초기 음성 인식기 오드리, 그리고 방대한 데이터를 활용한 통계적 예측 모델에 이르기까지 기술의 발전과 함께 점차 현실적인 모습으로 구체화되었다. 패턴 인식에서 데이터 중심의 접근으로 전환하는 변화 속에서 말을 담은 음성은 단순한 소통의 수단에 머무르지 않고 과학적 분석과 기술적 조작의 대상이 되었고, 기계가 이해하고 처리할 수 있는 정보로 재구성되었다. 오늘날 일상화된 음성 인식 기술의 기원에는 소리를 다른 방식으로 듣고자 했던 과거의 실험들과 음성 속에 숨겨진 구조를 읽어 내려 했던 집요한 시도가 자리하고 있다.

참고문헌

Li, X.(2023). "There's no data like more data": Automatic speech recognition and the making of algorithmic culture. *Osiris, 38*(1), pp.165~182.

Li, X. & Mills, M.(2019). Vocal features: From voice identification to speech recognition by machine. *Technology and Culture, 60*(2), S129~S160.

04
행동

표정, 몸짓, 시선, 자세 등 비언어적 행동 신호를 총체적으로 인식하는 멀티모달 인식 기술의 기원을 살핀다. 20세기 인류학자들은 문화적, 상황적 맥락에 따라 행동의 의미가 상이할 수 있음을 강조하며, 이를 섬세하게 고려하지 않은 과학 연구를 꾸준히 비판해 왔다. '맥락을 이해하는 인공지능'은 일견 이러한 비판을 수용하는 것처럼 보이면서도, 행동의 의미를 해석하는 연구자들의 판단보다 과학적 분류 기준과 데이터 처리를 더 우선시한다는 점에서 결이 다르다. 이 차이는 인공지능 개발에 문화적 감각과 사회적 해석의 중요성을 환기한다.

청각장애인과 AI?

상황의 흐름을 읽는 인공지능

초기 표정 인식 기술의 가장 큰 한계는 상황적 맥락을 고려하지 않는다는 점이었다. 미소를 '입꼬리의 모양 변화'로만 인식하는 인공지능은 그 안에 담긴 깊은 뜻을 제대로 헤아릴 수 없다. 기존 방식의 한계가 드러나자 개발자들은 다양한 신호를 종합적으로 분석하는 멀티모달(Multimodal) 감정 인식 기술에 주목하기 시작했다. 멀티모달적 접근은 표정만이 아니라 음성, 시선, 제스처, 고개의 움직임과 같은 상호작용에서 발생하는 여러 행동 신호를 함께 분석해, 그 의미를 보다 정교하게 이해하려는 시도다. 사람에 비유한다면 상황 판단이 가능하도록 일종의 '눈치'를 기르게 하는 셈이었다.

행동의 문화적 해석

흥미롭게도 단일 신호 분석의 한계는 이미 20세기 중반 문화인류학 분야에서 제기된 바 있다. 대표적으로 문화인류학자 클리퍼드 기어츠(Clifford Geertz)는 그의 대표 저서 《문화의 해석(Interpretation of Culture)》(1973)에서 철학자 길버트 라일(Gilbert Ryle)의 '윙크' 예시를 인용한다. 오른쪽 눈꺼풀을 수축하는 행동은 단순한 무의식적 눈 깜빡임일 수도 있고, 친구에게 보내는 은밀한 메시지일 수도 있다. 이 둘은 전혀 다른 의미를 담고 있지만, 외형은 거의 동일해 사진이나 영상이 기록하는 표면적인 정보만으로는 그 차이를 알아차리기 어렵다. 라일과 기어츠는 관찰되는 행동을 기술하는 데 그치는 '얇은 기술(thin description)'과 대비되는 개념으로 '두터운 기술(thick description)'을 제안했다. 이는 특정 행동이 일어난 사회적 맥락과 상징적 의미까지 함께 해석하려는 시도를 의미한다.

사실 인류학자들은 일찍부터 사진 및 영상 기록물과 민속지학적 해석을 결합해 '두터운 기술'을 실천해 왔다. 마거릿 미드(Margaret Mead)와 그레고리 베이트슨(Gregory Bateson)은 행동에 깃든 문화 패턴을 분석하기 위해 카메라 기술을 활용한 대표적인 인물들이다. 두 사람은 1936년부터 2년 간 발리에 체류하며 2만 5천 장의 사진과 2만 2천 피트 분량의 16mm 필름을 촬영하고, 이를 정리해 1942년 출간된 《발리인의 성격: 사진을 통한 분석(Balinease Character: A Photographic Analysis)》에 실었다. 책에서 미드는 발리 여성의 양육 행동을 프레임 단위로 분석하며, 특정 사회에서 모성이 어떻게 발현되거나 부재하는지를 시각적으로 해석했다. 이들의 작업은 사진과 영상을 문화기술지 자료로 활용한 최초의 시도로 평가된다.

이후 행동으로 발현되는 문화적 규칙에 관한 연구는 미국 국무부 산하의 외교관 연수원(FSI, Foreign Service Institute) 소속 인류학자와 언어학자를 주축으로 이루어졌다. 인류학자 에드워드 T. 홀(Edward T. Hall)은 1950년대에 FSI의 동료 연구자들과 함께 음성, 제스처, 시공간적 거리와 같은 요소에서 문화적 특성을 파악하는 '미시문화 분석(microcultural analysis)' 연구 흐름을 정립했다. 그 바탕에는 해외 파견 외교관이 타 문화를 보다 효과적으로 이해하고 소통할 수 있도록 문화적 감수성과 실천적 지식을 제공하는 데 있었다.

홀은 이 프로젝트에 미드의 제자 레이 버드휘슬(Ray L. Birdwhistell)을 영입했다. 사회학자 어빙 고프먼(Erving Goffman)의 스승이기도 했던 버드휘슬은 FSI에서 언어학자들과 협업하며 두 명 이상의 인물이 참여하는 상호작용 상황에서의 행동을 정밀하게 분석하는 '행동학(kinesics)'이라는 새로운 연구 분야와 이를 기술하기 위한 '키네식 시스템(kinesic system)'을 고안했다.

키네식 시스템은 비언어적 행동 분석에 언어학적 분석 체계를 적용시킨 결과물이었다. 언어에 음소(phoneme)라는 기본 단위가 있는 것과 같이 행동에도

'키네(kine)'라고 하는 최소 표현 단위가 존재하며, 이를 세세하게 기록함으로써 행동에 담긴 문화 패턴을 파악할 수 있다는 것이 그의 주장이었다.

그렇다면 키네는 어떻게 분별할 수 있을까? 버드휘슬은 라일과 기어츠처럼 윙크를 예시로 들며 그 과정을 설명했다. 얼굴은 눈, 코, 입, 눈 주변 근육 등으로 구성되어 있고, 각 요소를 서로 다르게 조합함으로써 다양한 표현이 가능했다. 버드휘슬은 특정 문화적 배경을 가진 정보 제공자(informant)에게 서로 다른 얼굴 구성 조합을 보여 준 뒤, 이들이 두 조합 사이의 차이를 인지할 경우 해당 요소가 형태학적으로 유의미한 단위라고 판단했다. 예컨대, 한쪽 눈이 감기고 주변 근육이 수축된 상황에서 '웃고 있는 입' 혹은 '무표정한 입'이 결합된 두 가지 표정이 서로 다르게 받아들여진다면, 입 모양은 키네가 될 수 있다(Birdwhistell, 1952). 이처럼 행동의 최소 단위를 식별하는 작업은 정보 제공자의 문화적 판단을 통해 이루어졌다.

행동 분석의 응용

버드휘슬은 이러한 이론적 틀을 바탕으로 1956년부터 '인터뷰의 자연사(Natural History of Interview)' 프로젝트에 참여하며 행동의 미시적 분석을 수행했다. 이 프로젝트는 정신과 의사, 언어학자, 인류학자 등 다학제 연구자가 수행한 협력 연구로, 처음에는 정신과 면담의 구조 분석을 목적으로 시작되었으나, 점차 대인 커뮤니케이션에서의 상호작용 구조와 의미 왜곡 혹은 누락 현상에 초점을 맞추게 되었다.

연구 팀은 베이트슨이 도리스라는 여성과 나눈 10분 분량의 인터뷰 영상을 분석 대상으로 삼았다. 분석 과정에서 단순히 대화 내용을 받아 적는 데 그치지 않고, 키네식 시스템에 따라 특징적인 억양, 말의 속도, 제스처, 시선까지 기호화해 기록했다. 이러한 작업은 특정 행동이 등장했다는 사실만으로는 상호작용에 대한 충분한 해석이 불가능하며, 그 행동이 언제, 어떤 맥락에서, 누구를 향해 발생했는지에 대한 총체적 고려가 필요하다는 점을 실증적으로 보여 주었다.

영상 분석을 반복하던 중, 버드휘슬은 도리스의 손 움직임에서 일정한 행동 패턴이 존재함을 뒤늦게 발견했다. 이는 숙련된 관찰자일지라도, 문화적 해석 능력과 기술적 장치의 행동의 의미를 완전히 파악하기 어렵다는 그의 주장에 부합했다. 이에 대해 필름사학자 세스 워터(Seth Watter)는 행동 분석이 궁극적으로 인간-기계

복합체(man-machine aggregate)를 통해 이루어졌다고 말한다(Watter, 2017). 즉, 인간의 감각과 분석력, 그리고 기계의 기록 능력이 결합되어야만 행동의 본질과 복잡성이 드러날 수 있다는 믿음이 있었다는 것이다. 물론 카메라나 녹음기 같은 장치들은 때때로 무의미한 데이터의 범람을 낳았지만, 버드휘슬은 엄격한 방법론적 통제를 통해 이를 충분히 극복할 수 있다고 보았다.

행동을 해석하는 인간과 분류하는 인공지능

1950년대의 인류학자들이 우려했던 '데이터의 과잉' 문제는 오늘날 신경망 기반 인공지능 시스템의 등장으로 일부 해소된 듯 보인다. 특히 보안, 로보틱스, 인간-컴퓨터 상호작용, 사용자 인터페이스 설계 등 다양한 분야에서 멀티모달 방식의 행동 인식 기술이 주목받고 있다. 연구자들은 음성, 표정, 몸짓 시선 등을 결합해 행동에 대한 보다 정교한 해석을 시도하고 있는데, 이는 '상황적 맥락' 역시 더 다양한 신호를 종합적으로 분석함으로써 충분히 파악할 수 있다는 인식에 기반한다(Lee et al., 2024).

행동을 포함한 여러 상호작용적 신호를 종합적으로 분석한다는 점에서 이러한 기술은 일견 버드휘슬의 행동 분석과 접점이 있어 보인다. 하지만 결정적인 차이도 존재한다. 버드휘슬은 행동이 사회적으로 직조된 의미의 집합이기 때문에 정보 제공자와 소통하고 기술을 활용하는 연구자의 능력을 강조했다. 연구자는 또한 자신의 감각적, 인지적 한계를 성찰하며 여러 자원을 동원해 그 한계를 극복해 나갈 수 있는 전문성을 갖춘 이들이었다. 반면, 인공지능 개발자에게 행동은 분류와 예측의 대상이다. 행동의 의미에 대한 분석은 대규모 데이터로부터 추출한 패턴의 학습을 통해 이루어진다. 결국 두 접근의 차이는 관찰자의 위치성을 고려할 수 있는 인간의 분석과, 그러한 성찰이 불가능한 인공지능의 분석 사이에 존재하는 근본적인 간극을 드러낸다.

참고문헌

Birdwhistell, R. L.(1952). *Introduction to kinesics: An annotation system for analysis of body motion and gesture*. Department of State, Foreign Service Institute.

Lee, S. et al.(2024). Towards social ai: A survey on understanding social interactions. arXiv:2409.15316.

Watter, S. B.(2017). Scrutinizing: Film and the microanalysis of behavior. *Grey Room, 66*, pp.32~69.

05
걸음

걸음걸이를 살피는 과학과 기술을 다룬다. 18세기 이후 보행 연구는 역학적 분석과 기호학적 해석이 결합해 발전했고, 군사, 의학, 재활 등 다양한 분야에서 활용되었다. 1990년대부터는 인공지능 기반 걸음걸이 인식 기술이 개발되기 시작했다. 원거리, 비접촉, 비협조적 상황에서도 신원을 확인할 수 있다는 장점이 있지만, 동의 없는 데이터 수집과 사생활 침해, 낙인과 차별 등 심각한 윤리 문제가 뒤따른다. 걸음걸이 인식 기술은 일상적 움직임이었던 걸음걸이에 '개인을 식별하는 고유한 생체 정보'라는 새로운 의미를 부여한다.

AI 콘텐츠 크리에이터?

걸음걸이를 알아보다

"마을 사람들은 다들 흰옷을 입었다. 특히 송도 나들이를 갈 때는 때도 안 묻은 고운 흰옷으로 호사를 했다. 그래도 나는 할아버지와 딴 사람이 헷갈리지 않았다. 할아버지의 독특한 걸음걸이는 말로 표현할 수는 없었지만 강렬한 빛처럼 직통으로 나에게 와 박혔다. '우리 할아버지다!'라고 생각하자마자 나는 총알처럼 동구 밖으로 내달았다. 단 한 번도 착각 같은 건 하지 않았다."

박완서 작가의 자전적 소설 《그 많던 싱아는 누가 다 먹었을까》에서 할아버지는 화자에게 아버지와 같은 존재다. 흰옷을 입은 사람들 틈에서도 단번에 할아버지를 알아볼 수 있었던 건, 오래도록 눈에 익힌 그의 독특한 걸음걸이 덕분이었다. 화자는 그 걸음걸이로 할아버지를 기억하고, 동경하며, 그리워한다.

걸음걸이는 걷기 위해 두 발을 번갈아 내딛는 동작의 형태를 의미한다. 사람마다 독특한 리듬과 자세의 걸음걸이를 갖는데, 걸음걸이 인식 기술 연구자들은 바로 이 점에 주목한다. 걸음걸이에 담긴 고유한 생체적 특성이 어떤 요소로 구성되어 있는지, 또 그것이 무엇을 의미하는지를 분석한다. 이들의 연구는 우리가 일상에서 누군가의 걸음을 알아보는 정서적 경험에 과학적 근거를 제공한다.

보행의 과학: 움직임의 질서를 읽다

보행에 대한 이론은 18세기 후반에 본격적으로 등장했다. 이는 단순히 인간의 기본 동작을 설명하는 데 그치지 않고, 특정 집단의 걸음걸이를 규율하고 개선하려는 사회적 의도를 함께 내포하고 있었다. 과학사학자 안드레아스 마이어(Andreas Mayer)는 보행 과학이 두 흐름으로 나뉘어 전개되었다고 설명한다. 하나는 인간의 몸을 물리적 기계로 보는 '보행의 역학'이고, 다른 하나는 보행을 사회적 정체성의 지표로 간주하는 '보행의 기호학'이다. 전자는 보편적인 보행의 생리학적 메커니즘을 밝히는 데 중점을 두고, 후자는 보행을 계급이나 직업 등과 연관된 상징 체계로 해석한다. 초기의 보행 과학에서는 이 두 접근이 긴밀하게 얽혀 있었다. 정상 보행의 모습과 그 의미가 주로 논의되었던 교육, 의학, 군사 훈련의 맥락에서 보행의 생리적 구조와 사회 문화적 의미는 서로 분리될 수 없었다(Mayer, 2020).

19세기에 접어들며 보행의 역학은 하나의 독립적인 분야로 자리 잡기 시작했다. 독일의 물리학자 빌헬름 에두아르트 베버(Wilhelm Edward Weber)와 생리학자 에두

아르트 프리드리히 베버(Eduard Fridrich Weber) 형제는 이족 보행을 하는 인간의 신체를 하나의 '기능적 기계(functional machine)'로 묘사하고, 줄자, 망원경, 스톱워치 등을 이용해 보행의 기본 구조를 정량적으로 측정했다. 이들은 걷는 신체가 전방으로 기울어지는 경향과 이를 지탱하는 다리의 움직임을 분석해, 보행을 일종의 동역학적 균형 조절로 이해했다. 보행 시 다리의 움직임이 진자 운동과 유사하다고 본 이들의 연구는 1836년에 출간된 《인간 보행 장치의 역학(Mechanik der Gehwerzeuge)》(1836)에 정리되었다.

보행 분석이 대중적으로 주목받게 된 계기는 프랑스 생리학자 에티엔-쥘 마레(Etienne-Jule Marey)의 실험이었다. 마레는 1870년대 초, 인간과 동물의 움직임을 연속적으로 기록하기 위해 대규모 실험실을 구축했다. 실험실에는 사람과 동물이 다닐 수 있는 길이 500미터의 평탄한 원형 트랙을 만들고, 그 한가운데에는 보행의 리듬을 조절할 수 있는 드럼을 설치했다. 연구자가 실험을 진행하고 사진을 촬영하는 동안 숨어 있을 수 있는 암실 열차와 철길이 있었고, 그 반대편 끝에는 검은 커튼이 있었다. 실험 대상이 검은 커튼 앞을 지나가면 연구자는 보행의 과정을 연속적으로 촬영하는 크로노포토그래피

(chronophotography)를 수행했다. 이처럼 공간과 장치의 설계를 통해 연구 대상과 적정 거리를 확보한 마레의 실험실은 인간의 기본적인 보행 기능마저 기계적으로 측정하고 관리하고자 했던 모더니즘 과학의 상징이 되었다.

마레가 보행 생체역학 분야를 새롭게 정립해 가던 시기에 신경학과 정형외과 분야의 의료 전문가들 역시 보행을 체계적으로 기록하며 보행 장애 진단의 새로운 가능성을 모색하고 있었다. 예를 들어, 족적을 기록하는 앙프렝트(emprinte) 기법은 군인들의 평발 진단에 사용되었다. 평발은 근육의 피로가 오랜 시간 축적되거나 체중의 압력으로 인해 발생하는 것으로 알려져 있었다. 보행 장애 진단 사례가 증가하면서 군화의 설계와 품질 개선을 요구하는 목소리도 함께 높아졌다. 이후 두 번의 세계 대전 중에는 전쟁 부상자의 재활 치료를 위한 보행 연구가 활발히 진행되었다.

의학적 보행 연구는 보행 장애의 진단과 치료에 '정상 보행'에 대한 충분한 이해가 선행되어야 한다는 원칙을 두고 있었다. 1950년대 UC버클리 생체역학 연구소의 한 연구 팀은 "외과적 또는 물리치료적 시술이든, 보조기나 의족의 개선이든, 정상적인 운동계의 기능적 특성에 대한 정확한 이해 없이는 발전할 수 없다"고 강조하며, 정상 보행 연구의 중요성을 역설했다(Klopsteg & Wilson, 1954).

정상 보행의 원리부터 밝혀야 한다는 생각을 공유하고 있었던 20세기 중반의 보행 연구자들은 발과 다리의 움직임을 정밀하게 포착하는 기술 개발에 몰두했다. 이들은 지면과 신발 밑창에 압력 센서를 설치하거나, 다리 근육의 근전도(EMG) 센서를 통해 보행을 정량적으로 이해하기 위한 데이터를 수집했다. 영상 속 사람의 움직임을 모델링해 정보를 추출하는 비침습적인 방법도 병행되었다.

다만, 이러한 분석 방식은 대량의 데이터를 만들어 냈고, 그 분석에 많은 시간과 계산 자원이 필요했다. 이후 컴퓨터 처리 속도의 비약적인 발전 덕분에 이러한 제약은 점차 극복되었다. 그리고 보행 분석은 임상 진단과 재활 치료에 실질적으로 활용될 수 있는 유의미한 도구로 자리 잡게 되었다.

감시 도구라는 새로운 가능성

한편, 걸음걸이를 인식하는 인공지능은 개발 초기인 1990년대부터 영상 감시 시스템에 활용될 수 있는 가능성이 예견되었다. 다른 생체 인식 기술과 비교했을 때, 걸음걸이 인식은 몇 가지 뚜렷한 장점을 지닌다. 우선, 인식 대상과 물리적으로 접촉할 필요 없이 원거리에서 데이터를 수집할 수 있다. 피사체의 동의를 구하지 않고 촬영한 저해상도의 보행 영상도 데이터로 활용할 수 있는 것이다. 또 개인마다 고유한 걸음걸이 패턴을 가지며, 이를 완전히 숨기거나 모방하기 어렵다는 특성 덕분에 걸음걸이는 비교적 안정적이고 신뢰할 수 있는 생체 정보로 간주된다(최석언 외, 2019). 이러한 이유로 걸음걸이 인식 기술은 감시, 보안, 인증 기술 등 다양한 분야에서 주목받고 있다.

그러나 인식 대상이 모르는 사이에 데이터가 수집될 수 있다는 점은 심각한 윤리적 문제를 낳는다. 사전 동의 없이 그 사람의 행동이 분석되고 해석되어, 사생활을 침해하는 결과로 이어질 수 있다. 무심히 걷는 모습조차 감시 체계 안에서는 식별 가능한 패턴이자 추적 가능한 코드로 변환된다. 이렇게 걸음걸이가 자동화된 감시의 대상이 될 때, 걷는 사람은 의도와 무관하게 특정한 정체성이 부여되거나 낙인찍히고, 그로 인해 부당한 의심이나 차별을 받게 될 위험에 놓인다.

그동안 상호 독립적으로 발전해 온 보행의 역학적 분

석과 기호학적 해석이 기술 인식의 용이성과 결합하면서 걸음걸이는 한층 더 손쉽고 정밀한 감시의 매개로 기능할 가능성을 갖게 되었다. 인간의 가장 일상적인 동작이었던 '걷기'가 감시 사회 속에서 의미 있는 정보의 통로이자, 체계적으로 수집되고 분석될 수 있는 통제 가능한 데이터로 새롭게 정의되고 있는 것이다. 기술적 가능성을 제동할 수 있는 제도적 장치가 필요한 시점이다.

참고문헌

최석언 외(2019). "걸음걸이 인식 기술의 소개". 《전자공학회지》, 48(8), 47~60쪽.

Klopsteg, P. E. & Wilson, P. D.(1954). *Human limbs and their substitutes*. McGraw-Hill.

Mayer, A.(2020). *The science of walking: Investigations into locomotion in the long nineteenth century*. University of Chicago Press.

06
질병

질병을 감지하고 분석하는 의료 인공지능의 발전을 개관한다. 1950년대 정신의학자 키브 브로드만이 의료 데이터 분석에 컴퓨터 기술을 도입한 시도부터 1970년대 초 '최초의 인공지능 의사'로 주목받은 스탠퍼드대학교의 '마이신,' 그리고 오늘날 다양한 의료 분야에서 개발 및 활용되고 있는 의료 인공지능 기술들을 살펴본다. 각 시대의 인공지능 의사가 정당성을 확보한 방식은 달랐지만, 기능적 우수성을 넘어 실제 현장에서 신뢰받고 기존 제도, 문화, 윤리와 조화를 이루어야 한다는 공통 과제는 여전히 유효하다.

AI와 민주주의?

'인공지능 의사'라는 혁신

2016년 9월, 가천대학교 길병원이 국내 최초로 인공지능 시스템을 진료에 도입한다는 사실이 언론에 보도되며 큰 관심을 모았다. IBM이 개발한 의료용 인공지능 시스템 '왓슨 포 온콜로지(Watson for Oncology)'를 암 환자 치료에 활용하기 시작한 것이다.

왓슨 진료는 환자와 보호자를 위한 모니터 세 대와 의료진들을 위한 컴퓨터 여섯 대가 설치되어 있는 별도의 공간에서 진행되었다. 의료진이 환자의 치료 경과를 간략히 설명하고 왓슨 프로그램에 해당 환자의 신체 정보와 진료 기록을 입력하면 그에 대응하는 치료 권고와 이를 뒷받침하는 학술 논문이 출력되었다. 이를 검토한 의료진은 환자의 인종과 국내 보건 의료 수가를 고려해 적절한 항암제를 제안했다(이다은, 2017). 2016년 12월부터 2017년 11월까지 길병원은 총 557명의 암 환자를 대상으로 왓슨 진료를 시행했다. 처음에는 인공지능 시스템의 도입에 회의적이었던 일부 의료진도 점차 '혁신이 오고 있다'는 기대감을 드러내기 시작했다.

인공지능 의사라는 혁신은 5년도 채 지속되지 못했다. 길병원을 비롯해 왓슨 포 온콜로지를 도입했던 대부분의 병원들이 사용 계약을 해지했고, 결국 IBM은 2022

년에 이 사업을 '실패'로 규정하며 의료 관련 부서를 매각했다. 왓슨이 방대한 문헌과 임상 자료를 학습한 것은 사실이었지만, 실제 진료 현장의 복잡하고 중요한 의사 결정 상황에서 결정적인 답을 제시하지 못했다. 환자의 정보를 스스로 읽고 종합해 주는 것이 아닌 의사가 수동으로 입력하는 사용상의 불편함도 발목을 잡았다. 이러한 한계들이 쌓이면서, 한때 혁신의 상징으로 주목받았던 인공지능 의사 왓슨 포 온콜로지는 의료 현장뿐만 아니라 대중의 기억 속에서도 점차 사라졌다.

정보 기반의 의학

왓슨 포 온콜로지가 혁신의 상징으로 불렸던 이유는 현대 의학의 핵심이 결국 '정보를 다루는 일'이기 때문이다. 의료진은 환자의 건강 상태를 파악하기 위해 다양한 생체 정보를 수집하고, 의학 지식과 임상 경험, 그리고 최신 연구를 종합해 진단과 치료 방침을 세운다. 환자 개인의 진료 기록은 시간이 지남에 따라 누적되며, 병원 차원에서도 수많은 환자의 정보가 축적된다. 여기에 질병의 경과에 따라 시시각각 변하는 생체 데이터를 감안한다면, 보다 체계적이고 지능적인 정보 처리 시스템이 요구되는 것은 어찌 보면 자연스러운 일처럼 보인다.

이 같은 요구는 1950년대 전후로 컴퓨팅 기술이 의료 현장에 도입되는 중요한 계기가 되었다. 그 대표적인 사례로 코넬대학교의 정신의학자 키브 브로드만(Keeve Brodman)은 1947년에 195개 문항으로 구성된 코넬 의료 인덱스(Cornell Medical Index)를 개발했으며, 이후 데이터 처리를 컴퓨터화함으로써 의사의 진단을 자동화할 수 있을 것이라 기대했다. 그는 1950년대부터 종이에 기록된 CMI 데이터를 컴퓨터에 입력하기 시작했고, 환자 한 명의 정보를 1초 이내에 처리할 수 있는 프로그램을 개발해 1960년대 중반 이후 상용화에 성공했다. 비록 인간의 지적 능력에 비하면 여전히 미흡하다는 평가가 뒤따랐지만, 이는 의료 정보 처리 자동화를 향한 첫 발판이 되었다.

최초의 '인공지능 의사'로 불리는 기술은 1970년대 스탠퍼드대학교에서 개발한 '마이신(MYCIN)'이다. 마이신은 전문가의 지식과 임상 경험을 컴퓨터에 규칙 형태로 입력하는 전문가 시스템(expert system) 방식을 채택한 프로그램으로, 약 500개의 규칙에 기반해 세균 감염을 진단하고 적절한 항생제를 추천했다. 마이신의 개발자들은 이 시스템이 의사를 대체하는 것이 아니라 정보 기반의 진단을 보조하는 도구에 불과하다는 점을 분명히 했으며, 최종적 판단의 권위는 여전히 인간 의사에게 있다는 사실을 강조했다.

'인공지능 의사'의 당위

이처럼 컴퓨터와 인공지능 기술이 의료 영역에 기여할 수 있을 것이라는 상상은 오랜 역사를 지니고 있지만, 그 상상의 정당성, 즉 인공지능 의사 개발의 당위는 시대에 따라 달라져 왔다. 의학사학자 앤드루 리(Andrew Lea)는 마이신 시스템의 개발이 의사의 진단과 처방 과정에 기술적 보완이 필요하다는 인식에서 시작되었다고 말한다(Lea, 2023). 실제로 1960년대 후반은 항생제 남용으로 내성 문제가 심각한 사회 문제로 부상한 시기였다. 그는 만약 당시 의사들이 항생제 처방에 대해 충분한 권위와 역량을 갖추고 있었다면 마이신과 같은 기술에 대한 수요 자체가 발생하지 않았을지도 모른다고 주장한다.

오늘날 의료 인공지능 개발을 추동하는 요인은 단순히 의학 지식의 방대함이나 진단 과정의 복잡성만이 아니다. 오히려 질병을 더 세밀하게 관리해야 한다는 사회적 요구와 이를 감당할 수 있는 의료 인력이 부족하다는 현실이 결합된 산물이라고 볼 수 있다. 의료인류학자 클로디아 랭(Claudia Lang)은 인도의 한 인공지능 기반 정신 건강 앱 개발 사례를 분석하며, 개발자들이 환자의 일상 속 불안과 감정의 동요에 즉각 대응할 수 있는 수단을 마련하고자 했음을 지적한다(Lang, 2024). 인공지능은 시간적, 공간적 제약에 구애받지 않고 언제 어디서든 도움을 제공할 수 있는 존재로 상상되었고, 그 덕분에 정신의학 관련 인프라가 부족한 인도에서 기술 개발과 투자의 당위성을 얻었다.

한국의 의료 인공지능 회사들 역시 과도한 데이터와 업무에 압도된 의사의 부담을 줄이겠다는 약속과 함께 의료 현장에 들어서고 있다. 루닛(Lunit)의 기술은 X-ray와 유방 촬영 영상을 자동으로 분석해 병변을 찾아냄으로써 판독 시간을 단축하고 암 진단율을 향상하는 데 기여하고 있다. 뷰노(Vuno)는 병동에 입원한 환자들의 혈압, 맥박, 호흡, 그리고 체온 같은 생체 데이터를 실시간으로 분석해, 24시간 내 심정지 발생 위험도를 예측한다. 인공지능은 이렇게 정밀한 진료와 부족한 인력 사이의 간극을 메우는 장치로 자리매김하고 있다.

이처럼 의료 인공지능 기술이 개발되는 배경은 시대마다 달랐지만, 이들이 직면한 공통 과제는 분명하다. 단순히 기능적 성능을 넘어, 실제 의료 환경에서 효과적으로 작동하고 신뢰받을 수 있어야 하며, 제도적 · 문화적 · 윤리적 조건들과 조화를 이루어야 한다는 점이다. 다시 말해, 의료 인공지능은 환자와 의료진 모두의 신뢰를 기반으로, 다양한 임상적 요구에 섬세하게 응답하는 능력이 뒷받침되어야 한다. 그렇지 못한 기술은 질병을 이해하지도, 해답을 제시하지도 못한 채, 결국 실패한 사업이라는 낙인과 함께 역사의 뒤안길로 사라질지도 모른다.

참고문헌

이다은(2017). "인공지능의 의료혁신?: 길병원의 왓슨 도입을 중심으로". 《과학기술정책》, 27(6), 54~61쪽.

Lang, C.(2024). Dreaming big with little therapy devices: Automated therapy from India. *Anthropology & Medicine, 31*(3), pp.232~249.

Lea, A.(2023). *Digitizing diagnosis: Medicine, Minds, and machines in twentieth-century America*. JHU Press.

07
삶

스마트폰과 웨어러블 기기로 걸음 수, 수면 패턴, 감정 변화까지 기록하고 관리하는 사람들이 있다. 이렇게 삶의 다양한 면모를 수치로 바꾸는 '수치화된 삶' 움직임은 더 나은 나를 만들어 나간다는 약속을 내세우지만, 때로는 기업의 이익을 위해 감시와 통제의 도구로 변모하기도 한다. 이러한 가능성과 비판 속에서, 데이터로 분절되는 사람들이 기술에 더 많이 의지하면서도 그 데이터를 토대로 스스로를 재구성해 가는 새로운 형태의 주체의 모습을 짚어 본다.

AI와 애니메이션?

데이터를 만드는 삶, 데이터가 이끄는 삶

아침에 일어나면 머리맡에 둔 핸드폰의 수면 측정 앱을 확인한다. 핸드폰의 센서가 나의 움직임과 소리를 측정해 점수를 매긴다. 시간에 따른 수면 단계를 그래프로 한눈에 확인할 수 있고, 데이터를 엑셀 파일에 저장해 이용자가 직접 분석할 수도 있다. 수면이 얕아지면 알람을 울려서 상쾌하게 기상할 수 있도록 돕는 기능도 제공한다.

이처럼 데이터를 수집하고 분석해 몸을 관리하는 것은 이제 더 이상 병원이나 실험실에서만 벌어지는 특별한 일이 아니다. 측정 장비의 소형화와 디지털 기술의 발전 덕분에 일상 속 다양한 생체 정보와 행동 데이터를 정교하게 기록할 수 있게 되었다. 스마트폰과 웨어러블 기기에는 운동 강도와 칼로리 소모량을 계산하고 이동 거리를 측정할 수 있는 다양한 센서가 탑재되어 있다. 음식 사진을 찍으면 자동으로 영양 정보를 분석해 주는 식단 관리 앱, 감정의 변화를 글로 기록하면 불안과 우울의 원인을 분석해 주고 이를 기반으로 맞춤형 심리 케어 프로그램을 제공하는 앱도 있다. 이처럼 신체와 감정, 행동의 다양한 기록을 데이터화해 관리하는 일은 건강관리의 새로운 문화로 자리 잡아 가고 있다.

일상 데이터 수집을 통한 건강관리 문화는 2000년대

후반 들어 '수치화된 자아(QS, Quantified Self)' 라는 이름으로 조직화되기 시작했다. '수치를 이용한 자기 이해(Self-knowledge through numbers)'를 표방하는 QS는 와이어드(Wired)지의 전 편집자 개리 울프(Gary Wolf)와 케빈 켈리(Kevin Kelly)가 2007년에 창립한 국제 비영리 단체로 다양한 디지털 추적 기술을 활용해 자신의 삶을 분석하고 개선하려는 사람들의 커뮤니티를 형성했다. 참가자들은 지역 모임에 참여해 서로의 QS 경험을 공유하고, 데이터 관리에 대한 동기와 아이디어를 얻으며 활동을 이어 갔다.

울프는 2010년 《뉴욕타임스 매거진(The New York Times Magazine)》에 '데이터가 추동하는 삶(The Data-Driven Life)'이라는 기획 기사를 기고하며, 데이터가 더 이상 타인을 관리하거나 통제하는 수단에 그치지 않고, 자기 자신을 비춰 보는 '디지털 거울'이 될 수 있다고 강조했다(Wolf, 2010). 인간은 종종 부정확한 기억과 불완전한 정보, 그리고 비합리적인 추측에 기대어 삶의 방향을 설정하곤 한다. 그러나 수치를 통해 자신의 행동을 객관적으로 바라본다면 스스로를 더 나은 방향으로 발전시킬 수 있다는 믿음이 바로 QS운동의 밑바탕에 놓여 있다.

자기 계발 도구로서의 디지털 기술

몸 상태나 일상 사건을 기록하고 그 변화를 추적하는 습관은 결코 하루아침에 생겨난 것이 아니다. 디지털 자기 추적 장치가 등장하기 전에도 사람들은 일기를 쓰고, 사진 앨범을 꾸미고, 가계부를 작성하며 자신의 삶을 꼼꼼히 기록해 왔다. 다만, 디지털 기술은 이러한 오래된 실천에 자동화와 확장의 가능성을 열어 주었다. 디지털 기기의 센서와 앱 덕분에 사람들은 큰 노력을 들이지 않아도 끊임없이 데이터를 생성하고 축적할 수 있게 되었다. 그 과정에서 인간의 감각만으로는 알아차리기 어려운 변화나 패턴이 드러나기도 한다.

QS 열풍의 또 다른 배경에는 자기 계발에 집착하게 만드는 사회 문화적 압력이 자리 잡고 있다. 기술철학자 마크 코켈버그(Mark Coeckelbergh)는 자신의 저서 《알고리즘에 갇힌 자기 계발(Self-Improvement: Technologies of the Soul in the Age of Artificial Intelligence)》에서 '자기 완성'이라는 개념이 고대 철학과 기독교 전통에 뿌리를 두고 있지만, 자본주의 체제 속에서 기술과 결합하면서 새로운 양상을 띠기 시작했다고 지적한다. IT 기업과 광고주들은 사람들이 디지털 환경에서 활동하면서 남긴 데이터를 알고리즘으로 분석하고, 이를 통해 다시 사용자에게 특정 행동을 유도하면서 수익을 창출한다. 그 과정에서 자기 계발은 더 나은 삶을 위한 자기 주도적 선택이기보다는 책 제목처럼 '알고리즘 안에 갇혀' 점점 더 강박적이고 착취적인 형태로 변모해 왔다.

수치화는 '자아'를 어떻게 변화시키는가?

이러한 맥락에서 비판적 데이터 연구(Critical Data Studies) 분야의 연구자들은 '수치화된 자아'가 과연 누구를 위한 것인지, 여기서 '자아'는 구체적으로 무엇을 의미하는지 질문한다. 질 들뢰즈(Gilles Deleuze)가 제시한 '분인(dividual)' 개념은 데이터화된 인간이 권력의 대상이 되는 현상을 설명하는 데 자주 인용된다. 근대적 개인(individual)과 대비되는 분인은 인터넷 연결과 디지털 기술 속에서 성향, 습관, 선호 등 무수한 정체성으로 분열되는 존재를 의미한다. 분인의 정보는 체계적으로 추출되고, 마케팅에 활용되고, 타인의 정보와 조합되거나 비교될 수 있다. 들뢰즈의 영향을 받은 연구자들은 디지털 공간 속에 존재하는 쌍둥이인 '듀오디비주얼(duodividual)', '데이터 이중체(data double)', 가상적 자아를 의미하는 '데이터 자아(data self)', '데이터 프록시(data proxy)', '픽셀화된 인간(pixelated person)' 등 다양한 개념어를 통해 인간의 자아가 조각나고 재조합되며 권력의 대상이 되는 현상을 설명한다.

인류학자 너태샤 도 슐(Natasha Dow Schull)은 QS가 개인을 권력의 대상이자 수동적인 존재로 전락시킨다는 기존의 비판에 새로운 해석을 제공한다. 슐은 QS 실천에 참여하는 사람들을 문화기술지로 관찰하면서, 자기 추적 장치가 단순히 사람들을 수동적이고 파편화된 분인으로 만드는 것이 아님을 지적한다. 오히려 그는 기술을 매개로 자기 자신을 새롭게 구성해 가는, 보다 능동적인 주체성이 등장한다고 주장한다. 이러한 주체는 자신의 선택과 책임을 중시하면서도, 측정된 데이터의 계산과 분석은 기술에 위임하는 복합적인 태도를 보인다. 다시 말해, 자율성과 위임, 능동성과 제한 사이에서 끊임없이 오가며 조율되는 '하이브리드형 주체'가 되어 가는 것이다(Schull, 2021).

결국 수치화된 삶이 인간을 감시의 대상으로 전락시키는 것만은 아니다. 데이터를 적절한 방식으로 활용한다면 오히려 더 나은 삶을 모색하는 실천의 장이 될 수도 있다. 그러나 이러한 가능성이 현실이 되기 위해서는 데이터를 수집하고 분석하는 과정이 데이터의 주체인 인간의 삶과 가치, 그리고 지향을 담아내야 한다. 데이터로 환원된 삶과 그 너머의 삶을 어떻게 성찰하고 조율할 것인가는 설계자와 이용자 모두에게 주어진 과제다. 이 노력이야말로 하이브리드형 주체가 더 바람직한 삶의 방향을 찾아갈 수 있는 동력을 제공할 것이다.

참고문헌

Coeckelbergh, M.(2022). *Self-improvement: Technologies of the Soul in the Age of Artificial Intelligence*. Columbia University Press. 연아람 옮김(2024). 《알고리즘에 갇힌 자기 계발: 편리하고 효율적이거나 지치고 불안하거나》. 민음사.

Schull, N. D.(2021). Self-Tracking. In Thylstrup, N. B. et al.(eds.). *Uncertain archives: Critical keywords for big data*, pp.457~468. The MIT Press.

Wolf, G.(2010). The data-driven life. The New York Times Magazine. https://www.nytimes.com/2010/05/02/magazine/02self-measurement-t.html

08
역량

인공지능 채용은 알고리즘이 지원자의 성향, 문제 해결 능력, 화상 인터뷰 응답을 분석해 기업이 원하는 '역량'을 수치화하는 방식으로 작동한다. 산업심리학 분야에서 시작된 이러한 역량 평가는 '공정성'과 '객관성'을 약속하며 평가의 대상이 되는 지원자의 자발적 참여를 유도한다. 하지만 데이터 편향 문제가 수면 위로 드러난 아마존 사례처럼 인공지능은 채용 과정에 만연한 불평등 문제를 재생산할 가능성을 수반한다. 기술이 진정한 기회의 문을 제공하려면 역량과 채용에 담긴 사회적 가치와 그 구현을 위한 고민이 필요하다.

AI와 인재 채용?

'채용 패러다임'의 변화

2020년 무렵, 서울의 한 대형 서점을 방문했을 때 인공지능 면접 대비 수험서들이 매대에 진열된 광경을 보고 적잖이 놀란 기억이 있다. 코로나 19로 대면 면접이 어려워지고 기업들이 인적성 검사의 대안으로 인공지능 면접을 도입하고 있다는 보도를 접한 적은 있었지만, 그것이 별도의 준비서를 낼 만큼 일상화되었다는 사실은 중요한 전환점을 맞이하고 있음을 실감하게 했다.

AI 채용은 조직이 필요로 하는 인재를 선발하기 위해 인간 면접자가 수행하던 일을 인공지능 시스템이 수행하거나 보조하는 일련의 실천으로 이해될 수 있다. 대표적인 사례로 국내 최대 규모의 AI 채용 설루션을 제공하는 마이다스아이티(Midas IT)의 서비스를 들 수 있다. 이 시스템은 먼저 자기 보고식 설문을 통해 응시자의 성향과 가치관, 태도를 파악한다. 이어서 전략 게임으로 문제 해결 능력을 측정하고, 화상 면접을 통해 대답을 분석한다. 이렇게 모은 결과는 기업이 원하는 인재상에 기반하여 '맞춤형 결과표'로 정리되며, 지원자가 그 기준에 얼마나 부합하는지를 숫자와 세련된 그래프를 통해 한눈에 보여 준다.

AI 채용은 기존의 채용 방식이 '일 잘하는 사람'을 선발하는 데 한계를 지닌다고 지적한다. 평가 기준이 불명확하고, 자기소개서의 진위 여부나 인적성 검사 결과가 실제 역량을 반영하는지 신뢰하기 어렵고, 서류 검토와 면접관 교육에 드는 시간과 비용 역시 부담이 된다는 것이다. 이에 따라 AI 채용 시스템 개발자들은 '객관적이고 과학적'인 방법으로 인사 담당자의 결정을 보조함과 동시에 우수 인재의 기준을 새롭게 정립함으로써 채용의 정확성과 효율성을 동시에 달성할 수 있다고 이야기한다. 단순히 채용 기술이 고도화하고 있는 것이 아니라 채용 패러다임의 변화를 추구하고 있는 것이다.

인재 선별의 '과학'

'인재 선발의 올바른 해답'을 제시하고자 하는 인공지능 채용의 논리는 20세기 초 영미권 국가에서 등장한 산업심리학(Industrial Psychology)의 논리와 궤를 같이 한다. 산업심리학은 실험심리학의 기법을 기업 환경에 적용하여 생산성과 효율성을 높이기 위한 학문으로 출발했다. 그 선구자들은 이윤 증대를 위해서 기계 설비뿐 아니라 '인적 요인(human factor)'에도 주목해야 한다고 주장하며, 사람을 측정하고 이해하는 기술을 조직 경영의 핵심으로 삼았다.

초기 산업심리학의 대표적 인물인 모리스 비텔레스(Morris Viteles)는 산업심리학의 주요 과제를 '적합한 사람을 적절한 직무에 배치하는 것'과 '직무 수행 중 성과를 유지하고 향상하는 조건을 마련하는 것'으로 제시했다. 전자를 위해 그는 각종 능력 검사와 성격 검사를 설계하고 직무 분석을 통해 요구되는 역량을 구체화했으며, 후자를 위해서는 업무 환경을 개선하거나 노동자를 훈련하는 등 최상의 업무 성과를 낼 수 있는 조건을 마련했다(Seow, 2022). 이처럼 산업심리학은 노동자의 고유한 성향과 잠재력을 과학적으로 파악하고 훈련을 통해 개발 가능한 요소로 전환하는 일종의 '컨설팅 심리학(consulting psychology)'으로서 기능했다.

과학화에 따라 사람 개개인이 가진 본질적 특성을 구분 짓는 이론적 틀도 점차 구체화되었다. 대표적으로 하버드대학교 심리학자 데이비드 맥클렐런드(David McClelland)는 기존에 사용되던 지능 검사가 직무 성과를 제대로 예측하지 못한다고 비판하며, '역량(competency)'이라는 기준을 제안했다. 예컨대, 증권 및 채권 영업 사원이 외판원보다 더 많은 지적 능력을 요구한다고 보는 일반적인 인식과는 달리, 두 직업이 필요로 하는 능력이 전혀 다르며, 각기 다른 직업에서 성공하기 위해 요구되는 언어 습관, 복장, 태도, 교육 배경, 사회적 네트워크 역시 상이하다고 강조했다. 따라서 단일 지표로 개인을 서열화하는 기존의 방법론에서 벗어나, 실제 직무와 관련된 행동 양식을 중심으로 인재를 선발해야 한다고 주장했다.

1973년, 맥클렐런드는 "지능이 아닌 역량을 검사하자(Testing for Competence Rather than Intelligence)"라는 논문에서 이와 같은 주장을 공식화했다. 그는 특히 당시 미국 사회에서 문제시된 경찰관의 인종차별적인 관행을 예로 들었다. 만약 소수 인종을 차별하지 않는 공명정대함이 경찰의 핵심 역량이라면, 채용 과정에서부터 이를 측정할 수 있어야 한다는 것이다. 무엇보다 중요한 점은 이러한 역량이 적절한 훈련을 통해 개발 가능하다는 데 있다. 오늘날 AI 채용 시스템 또한 이와 같은 논리를 따르고 있다. 즉, 역량 기반 평가를 통해 개인의 잠재력을 확인하고, 미래의 발전 가능성을 가늠하는 방식이다.

기꺼이 평가받는 사람들

이처럼 '역량'이라는 개념은 단지 개인의 능력을 설명하는 도구를 넘어, 그러한 능력이 어떻게 계량화되고, 더 큰 사회적, 경제적 체제 속에서 동원되는지를 보여 주는 분석 틀로 활용될 수 있다. 사회학자 니콜라스 로즈(Nikolas Rose)는 심리학이 타인을 평가하고 규범화하는 기술일 뿐 아니라, 궁극적으로는 개인이 자기 자신을 관리하도록 만드는 '통치의 기술'이 되었다고 주장한다. 그는 심리학이 인간의 행동을 외부에서 억제하는 방식이 아니라, 개인이 자신의 능력을 인식하고 개발하며 이를 사회적 목표 달성의 수단으로 활용하게 만든다는 점에서 정치적 성격을 지닌다고 보았다(Rose, 1996). 이러한 통찰은 인공지능 기반 채용 기술이 보편화되어 가고 있는 오늘날 더욱 중요한 의미를 갖는다.

실제로 많은 지원자들은 인공지능 채용 과정에서 요구되는 자기 점검과 준비에 적극적으로 참여하며, 원하는 직무에 배정되기 위해 기꺼이 '역량'을 측정받는다. 과학사학자 키라 루시어(Kira Lussier)는 이러한 메커니즘을 '심리 자본(psychological capital)'이라는 개념으로 설명한다. 이는 개인이 자신의 심리적 능력을 측정하고 개발하여, 경제적 가치의 회로 안에 자신을 적극적으로 편입시키는 과정을 가리킨다(Lussier, 2018). 다시 말해, 채용은 단순히 적합한 사람을 찾아내는 절차라기보다는, 사람들이 스스로를 훈육하고 새로운 가치를 만들어

내는 장치로 작동하고 있는 셈이다.

오늘날 인공지능 채용 시스템은 '심리 자본'을 중심으로 작동하는 일관된 체제를 더욱 공고하게 만드는 데 기여함과 동시에 이 체제에 참여하는 채용자와 고용자 모두에게 '공정성'과 '객관성'을 약속한다. 인간 면접자가 인간으로서 갖는 주관적 판단과 편향은 고용자뿐만 아니라 면접자 스스로조차 그 과정의 정당성에 의문을 품게 만든다. 이처럼 평가의 공정성에 대한 불신이 만연한 상황에서 알고리즘 기반의 데이터 분석이 인간의 편견을 제거해 줄 수 있다는 믿음은 인공지능 채용 시스템에 강한 정당성과 신뢰를 부여한다.

그러나 이러한 기술적 약속이 늘 공정한 결과로 이어지는 것은 아니다. 대표적인 실패 사례로 아마존의 AI 채용 시스템이 있다. 아마존은 자체적으로 개발한 AI 시스템을 채용 과정에 도입했지만, 과거 데이터를 학습하는 과정에서 데이터에 내재한 성별 편향을 고스란히 답습해 여성 지원자를 체계적으로 배제하는 결과를 낳았다. 이 사건은 인공지능 시스템이 결코 중립적이지 않으며, 인간이 만든 데이터와 기준에 의존하는 한 기존의 불평등 구조를 재생산할 위험이 있다는 점을 명확히 보여 준다.

그럼에도 불구하고, 사람들은 여전히 인공지능 채용이 '공정성'을 담보할 수 있다는 기대를 품는다. 단순히 지원자의 역량을 더 정확히 파악해 업무 만족도를 높이는 데 그치지 않고, 다양한 배경을 지닌 사람들의 잠재력을 발견하고 기회의 문을 넓혀 주기를 기대한다. 결국 기술의 공정성에 대한 기대는 우리 사회 전반의 공정성에 대한 열망을 반영한다. 그러나 이러한 기대가 현실화되기 위해서는 기술의 성능 개선만으로는 부족하다. 인공지능 채용이 어떤 사회적 가치와 맞닿아 있는지, 그리고 그 가치가 어떻게 실현될 수 있는지를 지속적으로 성찰하고 조율하는 노력이 병행되어야 한다.

참고문헌

Lussier, K.(2018). Personality, Incorporated: Psychological Capital in American Management, 1960–1995. Doctoral Theses, University of Toronto.

Rose, N.(1996). *Inventing Our Selves: Psychology, power, and personhood.* Cambridge University Press.

Seow, V.(2022). Psychology as technology: Industrial psychology for an industrializing China. *History and Technology, 38*(2~3), pp.257~273.

09
거짓말

거짓말 탐지기는 1920년대 존 라슨의 발명에서 시작해 경찰 수사, 충성심 검증 등의 목적으로 사용되었고, 오늘날 표정, 뇌파, 언어 분석까지 그 영역을 넓혀 왔다. '객관적 진실'을 판별할 것이라는 과학적 이상과 공정성에 대한 기대가 이를 지탱해 왔지만, 실제 현장에서의 활용은 불완전하다. 이 장은 거짓말 탐지기가 절대적 진실을 밝혀 주기보다는 대화와 관계 회복의 매개가 될 때 더 의미를 갖는다고 지적한다.

AI와 기자?

진실은 우리를 자유케 하는가

유튜브 '인기 급상승 동영상'에 한 부부 상담 방송의 영상이 올라왔다. 부부 갈등의 원인을 진단하고 해법을 제시하는 형식인데, 최종 조정 전 가장 마지막 코너는 '너의 속마음이 궁금해'라는 이름의 심리 생리 검사였다. 참가자들은 배우자에게 묻고 싶은 질문을 미리 제출하고, 배우자는 검사실에서 해당 질문에 대한 답을 한다. 이때 대검찰청 심리분석관으로 11년 근무한 이력이 있는 전문가가 피험자의 맥박, 호흡, 혈압을 측정해 답변의 진위 여부를 판별한다. 거짓말 탐지기(polygraph test)라고도 불리는 이 검사의 원리를 프로그램 진행자가 짤막하게 소개했고, 화면에는 "90% 이상의 정확도로 범죄 수사에도 활용되는 신뢰도 높은 검사"라는 자막이 띄워졌다.

검사 결과에 따라 참가자들의 반응은 극명하게 갈렸다. 예상 밖의 진실 판정에 안도하거나 허무해하는 경우도 있었고, 거짓으로 판단된 경우 실망과 분노를 감추지 못했다. 간혹 결과가 모호하거나 납득하기 어려울 때는 검사의 한계에 대한 설명이 덧붙여졌다. 심리 생리 검사 결과가 장기적인 부부 관계에 어떤 영향을 미쳤는지는 확인하기 어렵지만, 내면의 진실을 기반으로 관계를 회복할 수 있다는 믿음이 방송 저변에 있다는 점은 분명했다.

거짓말 탐지기라는 '사회적 현상'

거짓말 탐지기는 1921년 생리학자 존 A. 라슨(John A. Larson)이 처음 개발했다. 그는 강압적인 수사 방식 대신 과학적 방법을 통해 진술을 확보하고자 했던 버클리 경찰서장 오거스트 볼머(August Vollmer)의 프로젝트에 참여하면서 경찰 업무에 발을 들였다. 라슨과 볼머는 〈원더우먼〉의 창작자가 될 윌리엄 마스턴(Willam Marston)이 일찍이 제안한 심리 검사 방식에서 착안해 피심문자의 맥박, 호흡의 깊이, 그리고 혈압을 지속적으로 측정하고 이를 종이 드럼 위에 선으로 기록하는 기기를 고안했다.

라슨의 발명품은 "모든 거짓말쟁이, 아무리 교묘하더라도 이제 끝장이다"라는 자극적인 언론의 헤드라인과 함께 세간의 화제가 되었다. 이 열기에 힘입어 미국 전역의 경찰서에서 기기를 앞다투어 도입했다. 그러나 정작 라슨 본인은 이러한 열풍에 회의적이었다. 실험 과정에서 기기의 오류 가능성을 확인한 그는 공적 영역에서 해당 장치를 사용하는 것에 강한 의구심을 품게 되었다. 사법부 역시 같은 입장이었다. 1923년 미국 컬럼비아주 항소법원은 거짓말 탐지기의 결과가 과학적 신뢰성을 갖추지 못했다며 법정 증거로 채택할 수 없다는 판결을 내

렸다.

엇갈린 현장의 반응에도 불구하고 거짓말 탐지기는 점차 '진실 탐지 장치'를 넘어 조직에 대한 충성심을 감시하고 인성을 판별하는 수단으로 미국 문화의 중심에 들어섰다. 초기에는 정부 기관 구성원의 정직성을 확인하는 데 그쳤지만, 냉전기에 이르러서는 핵 기밀을 다루는 과학자들의 정치적 충성심을 가려내고, 나아가 동성애자의 공직 진출을 막는 도구로 변모했다. 1980년대에는 매년 200만 명에 달하는 미국인이 이 검사를 받아야 했다. 과학사학자 켄 앨더(Ken Alder)는 이러한 현상을 두고 거짓말 탐지기가 미국인의 "기계적 양심(mechanical conscience)"이 되었다고 표현하기도 한다(Alder, 2007).

앨더는 거짓말 탐지기의 유행을 미국적 현상으로 해석한다. 미국의 민주주의는 공적 삶의 투명성과 절차적 정의에 기대어 발전해 왔다. 미국 사회가 오랜 역사나 혈연보다 명시적 계약을 기반으로 성립했기 때문에, 명문화된 규칙을 통해 갈등을 해결하려는 경향이 강한 것이다. 앨더는 여기에 과학이 자연의 신비를 꿰뚫고 진실을 밝힐 수 있다는 확신, 그리고 그 과정에서 연구자의 주관이나 편견을 배제할 수 있다는 믿음이 더해졌다고 지적한다. 민주주의와 과학에 대한 이러한 기대가 맞물리며 거짓말 탐지기의 유행에 힘을 실어 준 것이다.

라슨의 발명 이후에도 거짓말의 생리적 징후를 포착하는 새로운 기술이 지속적으로 개발되었다. 예컨대, 인간에게 보편적인 감정 표현이 존재한다고 주장한 심리학자 폴 에크먼은 거짓말을 할 때 나타나는 미세한 표정 변화를 감지할 수 있다고 주장하며, 이를 탐지할 수 있는 전문가 양성 프로그램을 기획했다. 에크먼의 이론은 이후 미국과 유럽의 국경 감시 기술에 적용되었다. 유럽연합이 2016년부터 2019년까지 개발한 아이보더컨트롤(iBorderCtrl)은 비유럽연합권 국가에서 유럽연합으로 입국하는 사람들을 대상으로 자동화된 거짓말 탐지를 수행하는데, 얼굴 근육의 미세한 반응을 분석해 답변의 진위 여부를 판단한다고 대대적으로 홍보되었다.

한편, 뇌파 측정(EEG, electroencephalograph)이나 자기공명영상(fMRI)을 이용해 거짓말을 하는 뇌의 반응을 탐지하려는 시도도 이어졌다. 로렌스 페어웰(Lawrence Farewell)은 EEG 등의 신호를 기반으로 '뇌의 지문(brain fingerprint)'를 생성해, 피험자가 범행에 대해 인지하고 있는지를 99.9%의 정확도로 판별할 수 있다고 주장하며 특허를 출원했다. 그는 1990년대 초 CIA로부터 100만 달러의 연구 지원을 받았으나, 현장 적용 가능성이 낮다는 이유로 결국 자금 지원이 중단되었다. fMRI는 뇌의 혈류 변화를 실시간으로 추적하는 기술로, 이를 기반으로 한 거짓말 탐지기는 거짓말을 할 때 특정 뇌 영역이 활성화된다는 전제에 따라 개발되었다. 이러한 시도들은 결국 인간의 사고를 담당하는 뇌가 다른 어떤 생리적 지표보다 더 신뢰할 만하며, 그곳에서 진실을 밝혀낼 수 있으리라는 기대에 기반한 것이었다.

최근에는 AI 기술의 발달로 거짓말 탐지의 범위가 언어 분석으로까지 확장되고 있다. 이탈리아의 한 연구진은 FLAN-T5라는 대형 언어 모델(LLM)을 훈련시켜, 개인의 의견, 자서전적 기억, 미래 계획이 담긴 글에서 진실과 거짓을 가려내도록 했다. 그 결과, 훈련 데이터와 유사한 유형의 글에 대해서는 약 80%의 정확도로 진위를 구분할 수 있었다. 연구자들은 분석 과정을 검토하면서, 거짓으로 분류된 문장들이 대체로 짧고, 언어가 단순하며, 구체성이 부족하다는 경향을 발견했는데, 이는 곧 심리학의 '인지부하(Cognitive Load) 이론'에서 예측된 바와 일치한다(Loconte et al., 2023). 즉, 거짓말은 더 많은 인지 자원을 요구하기 때문에, 그 결과 발화가 짧고, 단순하며, 덜 정교해지는 경향이 있다는 것이다.

거짓말 탐지기가 만드는 열린 결말

하지만 아무리 첨단 기법을 적용했다 하더라도, 거짓말 탐지기가 실제로 알려 주는 것은 생각보다 많지 않다. 적어도 앞서 언급한 부부 상담 프로그램에서 거짓말 탐지기는 절대적 진실을 밝혀내는 도구라기보다, 평소에 꺼내기 어려운 질문을 던지거나 본심을 드러내는 계기에 가까웠다. 방송의 전환점은 검사 결과 자체가 아니라, 진행자가 그 결과를 매개로 답변을 되짚고 대화를 이끌며 갈등을 조율하는 과정에 있었다.

많은 경우, 우리가 거짓말 탐지기에게 기대하는 것은 '객관적이고 결정적인 진실'이 아니다. 더 중요한 것은 기술이 작동하는 그 과정을 통해 관계가 회복되고 불안한 마음이 달래지는 것이다. 하지만 진실을 기계로 판별할 수 있다는 믿음이 지나치게 강하면, 오히려 대화와 해석, 회복의 여지가 사라져 버릴 수 있다. 거짓말 탐지기의 진정한 문제는 기계의 가능성을 진실 판별이라는 좁은 틀에 가두는 순간 드러난다.

참고문헌

Alder, K.(2007). *The Lie Detectors: The history of an American obsession.* University of Nebraska Press.

Loconte, R. et al.(2023). Verbal lie detection using Large Language Models. *Scientific Reports, 13*, 22849.

10
테러리스트

9 · 11 테러 이후 미국에서는 '위험 물품' 대신 '위험 인물'을 선별하는 얼굴 인식, 행동 분석 기술이 안보 전략으로 부상했다. 에크먼의 미세 표정 이론을 바탕으로 하는 SPOT 프로그램은 수상한 행동 지표로 테러를 예방한다고 주장했지만 인종 편향, 효과의 불확실성, 예산 낭비라는 비판을 받으며 폐지되었다. 하지만 '과학적 행동 분석'이라는 논리는 은밀하고 정교한 기술을 뒷받침하며 여전히 작동하고 있을 가능성이 크다. 이러한 기술이 어떤 맥락에서 탄생했고, 어떻게 변화하며, 무엇을 정당화해 왔는지 기억하고 성찰해야 한다.

AI와 미래 의사?

테러리즘의 얼굴

2001년 9월 11일, 미국 사회는 총 네 대의 비행기 탈취를 감행한 열아홉 명의 승객으로 인해 전례 없는 혼란에 빠졌다. 이들 탈취자 중 일부는 비행기 탑승 전에 보안 검색 과정에서 추가 검문을 받았음에도 불구하고 지연 없이 항공기에 탑승할 수 있었다. 네 대의 비행기 중 두 대는 보스턴 로건 공항에서, 한 대는 워싱턴 덜레스 공항에서, 그리고 마지막 한 대는 뉴저지 뉴어크 공항에서 출발했다. 탈취자들은 민간 항공기 그 자체를 무기 삼아 하늘에서 미국의 주요 상징물인 세계무역센터, 펜타곤, 그리고 백악관을 공격했다. 그중 백악관만이 탑승객들의 희생적 저항 덕분에 공격을 피할 수 있었다.

9 · 11 테러 이후, 미국 내 공항 보안은 전면적으로 강화되었다. 기존 보안 시스템의 허점이 비판받은 가운데, '컴퓨터 기반 탑승자 사전 선별 시스템(Computer-Assisted Passenger Prescreening System)'의 한계가 도마에 올랐다. 조사에 따르면, 테러에 가담했던 인물 중 최소 네 명은 이미 해당 시스템에 의해 위험 인물로 분류되어 있었다. 위험 인물로 분류된 승객에 대해서는 위탁 수하물에 대한 추가 검사가 이루어지거나 승객의 탑승 여부가 확인될 때까지 수하물을 비행기에 적재하지 않

는 조치가 시행되었다. 하지만 이러한 절차도 테러 의도가 있는 인물들을 막기에는 충분하지 않았다. 사건 발생 석 달 뒤 또 다른 테러 시도가 이어지면서, 단순히 폭발물이나 무기를 탐지하는 기존 기술만으로는 테러를 효과적으로 예방하기 어렵다는 인식이 확산되었다. 이에 따라 2001년에 신설된 미국 교통안보국(Transportation Security Administration)은 대테러 전략의 초점을 '위험 물품'에서 '위험 인물'로 전환하며, 이들을 조기에 식별하고 감시하는 방법을 물색하게 되었다.

이러한 새로운 전략 구상 속에서 특히 주목받은 것은 테러리스트의 얼굴을 식별하는 기술적 해법이었다. 얼굴 인식 기술은 9 · 11 테러 이후 보안 당국이 제시한 가장 상징적 해결책 중 하나로 부상했다. 미디어 연구자 켈리 게이츠(Kelly Gates)는 2001년 이후 공공과 민간 영역에서의 안보 담론이 변화하는 양상을 분석하며, 얼굴 인식 기술이 단순한 감시 장비를 넘어 국가 안보를 상징하는 장치로서 권위를 얻게 되었다고 평가한다(Gates, 2011). 당시 언론 매체와 인터넷 게시판에서는 테러를 주도한 오사마 빈 라덴의 정면 얼굴 사진, 그리고 탈취자로 지목된 이들의 머그 숏과 감시 카메라 영상이 반복 재생되었다. 이러한 시각적 노출은 대중의 인식 속에 '테러리즘의 얼굴'을 각인하는 효과를 낳았다. 그 결과, 미국 사회 전반에서는 아랍 계열 인종의 얼굴을 잠재적 위협의 상징이자 '적대적 타자(enemy Other)'로 간주하는 문화적 편견이 확산되었다.

이러한 정치적 분위기 속에서 얼굴 인식 기술은 정부 기관의 전폭적인 지원을 받으며 본격적으로 개발되기 시작했다. 그 과정에서 얼굴은 단순한 신원 확인 수단을 넘어, 개인의 내면 상태나 사회적 위험성을 판별하는 기술적 상상력의 중심에 자리하게 되었다.

과학적 정당성 만들기

범죄 계획이 있는 사람이 보일 법한 수상한 행동을 포착하고자 한 TSA의 SPOT(Screening of Passengers by Observations Techniques) 프로그램은 나름의 과학적 근거에 기반한 감시 시스템으로 출발했다. 표정 인식 분야의 선구자인 심리학자 폴 에크먼은 1970년에 조기 퇴원을 위해 상태가 호전된 척 거짓말하는 우울증 환자의 얼굴에서 미세한 근육 움직임이 발생한다는 사실을 발견했다. 그는 사람이 실제 감정과 다른 표정을 지으려 할 때 이러한 무의식적 움직임이 나타나며, 특히 거짓말에 따르는 이익과 손실이 클수록 움직임이 더욱 뚜렷하게 드러난다고 주장했다. 에크먼은 자신의 이론을 바탕으로 감정적 동요를 숨기는 수상한 탑승객을 선별하는 프로그램을 개발하는 데 참여했다. 그 결과물로 94가지 행동 지표에 기반해 잠재적 위험군을 1차적으로 선별하고, 2차와 3차 검문으로 이어지는 감시 체계가 마련되었다.

SPOT 프로그램의 핵심은 행동 분석 보안관(Behavioral Detection Officers)이 '기계처럼 관찰'하도록 훈련하는 데 있었다. 정해진 기준에 따라서만 감정과 의도를 읽어 내도록 만든 것이다. 보통 사람이라면 인종, 성별, 문화적 배경에 대한 주관적인 판단과 편견에 쉽게 의존할 수 있지만, 충분히 훈련받은 보안관은 표준화된 객관적 지표만을 근거로 수상한 인물을 식별할 수 있을 것이라는 기대가 담겨 있었다.

비용 절감 및 효율성 증대라는 가치도 이러한 프로그램 개발에 정당성을 부여했다. 사람들로 붐비는 공항에서 모든 탑승객을 일일이 심층 면담하려면 엄청난 인력이 필요하다. 하지만 체계적인 관찰을 수행할 수 있는 소수의 보안관을 배치한다면, 승객들의 대기 시간으로 인한 사회적 비용을 줄이는 동시에 공항 측의 인력 비용도 절약할 수 있다는 주장이었다.

사람을 기계처럼 보도록 훈련하는 프로그램이 운영되

는 동시에, 수상한 행동을 자동으로 인식하는 기계를 개발하려는 연구 역시 꾸준히 진행되고 있었다. 미국 국토안전부(Department of Homeland Security)는 2007년 무렵 '호전적 의도 프로젝트(Project Hostile Intent)'를 시행해 SPOT 프로그램의 자동화 기술 개발과 그 실효성 검증을 계획했다(Hall, 2015). 이 프로젝트의 기술은 버펄로대학교 심리학자 마크 프랭크(Mark Frank)가 컴퓨터 과학자들과 협력해 개발했으며, 2006년부터 2007년까지는 실험실 환경에서 초기 검증이 이루어졌다. 이후 교통안보국의 협조를 받아 실제 공항 환경에서의 현장 실험도 예정되어 있었다. 하지만 그 결과가 어떻게 되었는지는 확인 가능한 자료가 없어 현재로서는 파악하기 어렵다.

프랭크의 연구는 감정을 숨기는 의도가 외부 행동 지표로 드러난다는 오랜 심리학적 이론에 기반하고 있었다. 1989년부터 1992년까지 에크먼의 연구실에서 박사후연구원으로 근무한 프랭크는 2005년에 미국 국방고등연구계획국(DARPA)의 지원을 받아 정치 활동 단체에 소속된 사람들을 대상으로 행동 실험을 실시했다. 이 실험은 종교적 테러가 서로 다른 정치적 신념과 세계관의 충돌에서 비롯된다는 가정 아래 설계되었다.

이후 프랭크는 마찬가지로 정치 활동 단체에 소속된 또 다른 사람들을 대상으로 공항 검색대를 모사한 공간에서 추가 실험을 진행했다. 검색대를 지나면 수표 한 장이 놓여 있었고, 피험자들은 이를 훔치거나 훔치지 않는 선택을 내릴 수 있었다. 절도 계획 여부와 상관없이 모든 피험자는 약 10분간 대기열에 머물렀고, 이때 제복을 착용한 현직 또는 퇴직 경찰관들이 보안 검색 요원으로 등장해 대기 인원을 한 사람씩 유심히 관찰했다. 프랭크는 요원이 등장하고 나서 단상 뒤로 이동하는 약 11초에서 44초 사이의 짧은 시간 동안 피험자에게 나타나는 표정 변화, 손을 꼬거나 두드리는 등의 행동, 그리고 시선의 방향 등을 코드화해 분석했다. 이처럼 극도로 제한된 시간 안에 나타나는 미세한 행동 신호들이 거짓말의 유의미한 단서가 될 수 있다고 본 것이다.

정당성의 균열

'수상한 행동'을 보였다는 이유만으로 여행객을 제재하고 추가 검문 대상으로 삼는 SPOT 프로그램은 도입 초기부터 여러 논란에 휘말렸다. 2003년에는 미국시민자유연맹(ACLU)의 흑인 변호사가 공항 외부에서 '수상하게 행동했다'는 이유로 경찰에게 구금되는 사건이 발생했다. 공항 보안을 담당했던 매사추세츠 항만청은 SPOT 프로그램에 따라 구금이 이루어졌다고 해명했지만, 시민자유연맹은 이 프로그램이 인종 편향적 단속을 정당화할 수 있다고 강하게 비판하며, 이듬해에 항만청을 상대로 소송을 제기했다.

언론과 전문가들 또한 행동 중심의 단속이 학술적으로 충분히 검증되지 않았으며, 과학적 합의가 이루어지지 않은 상황에서 성급히 실행되고 있음을 지적했다. 특히 언론은 에크먼이나 프랭크처럼 기술 개발을 옹호한 학자들의 주장과 더불어, 그들과 다른 입장을 가진 심리학자들의 인터뷰를 나란히 소개하며 거짓말의 행동 발현을 설명하는 이론이 학계에서도 여전히 논쟁적인 주제임을 강조하기도 했다.

미국 의회와 회계감사원(U.S. Government Accountability Office)은 인권 침해나 인종 편향과는 다른 측면의 문제를 제기했다. 미국 정부는 2007년부터 2013년까지 해당 프로그램에 총 9억 달러, 한화로 약 8조 3700억 원에 달하는 예산을 투입했다. 하지만 프로그램의 효과는 충분히 검증되지 않았고, 테러의 의도가 행동을 통해 드러난다는 전제 자체가 잘못되었다는 비판이 제기되고 있었다. 회계감사원은 더 이상 과학적 근거가 불확실한 기술에 세금을 낭비할 수 없다며 국토안보부와 교통안보국에 과학적 타당성이 입증될 때까지 해당 프로그램에 대한 지원을 제한할 것을 권고했다. 결국 실효성을 입증하지 못한 SPOT 프로그램은 2016년 이후 사실상 폐지 수순을 밟게 되었다.

요약하자면, SPOT 프로그램은 관찰자와 관찰 대상 모두에 대한 근본적인 불신에서 비롯된 불안, 그리고 감정과 의도를 보다 효율적으로 판별할 수 있을 것이라는 과학적 프로그램에 대한 기대에서 자양분을 얻어 성장해 왔다. 관찰자는 편견에서 완전히 자유롭지 않았고, 관찰 대상은 본심을 감추고 있을 가능성이 있었다. 공항은 늘 혼잡했고, 인력은 턱없이 부족했다. 이러한 조건 속에서 '과학적 행동 분석'은 이 모든 문제를 단번에 해결할 수 있는 결정적 해결책으로 제시되며 개발의 당위성을 확보해 나갔다. SPOT 프로그램은 폐지되었지만, 이를 지탱한 사회적 기대는 쉽게 사라지지 않고, 언제든 새로운 기술에 생명력을 불어넣을 수 있다. 그렇기에 우리는 이러한 기술이 어떤 맥락에서 탄생했고, 어떻게 변화하며, 무엇을 정당화해 왔는지 지속적으로 고민해야 한다.

참고문헌

Gates, K.(2011). *Our biometric future: Facial recognition Technology and the culture of surveillance.* New York University Press.

Hall, R.(2015). *The transparent traveler: The performance and culture of airport security.* Duke University Press.

김희원

KAIST 장영실 펠로우 프로그램 박사후연구원이다. KAIST 생명과학과에서 학사학위를 받고, 서울대학교 과학사 및 과학철학 협동과정에서 석사학위를 받았으며, 2025년 KAIST 과학기술정책대학원에서 표정 인식 기술의 역사와 사회적 함의를 다룬 연구로 박사학위를 받았다. 인간과 인공지능의 대면에서 '인간성'과 '기계성'이 어떻게 형성되고, 조율되며, 충돌하는지에 관심을 갖고 있다. 《호흡공동체: 미세먼지, 코로나19, 폭염에 응답하는 과학과 정치》(창비)를 공저했다. *East Asian Science, Technology and Society, Journal of the History of the Behavioral Sciences, History of the Human Sciences, History and Philosophy of the Life Sciences*를 비롯한 국내외 유수의 학술지에 여러 편의 논문을 게재했다.